主体的・協働的に学ぶ力を育てる!

中学校国語科

冨山哲也 編著

明治図書

●はじめに●

平成26年11月に，文部科学大臣から中央教育審議会に対して，「初等中等教育における教育課程の基準等の在り方について」という諮問がされました。これは，次の学習指導要領の在り方についての検討を求めたものです。この諮問文の中で，「アクティブ・ラーニング」という言葉が使われて，注目されるようになりました。諮問文の中では，「課題の発見・解決に向けて主体的・協働的に学ぶ学習（いわゆる「アクティブ・ラーニング」）」という言い方がされています。

アクティブ・ラーニングについては，平成28年２月現在，中央教育審議会で議論されている最中であり，学習指導要領上の位置づけや定義などはまだ明らかになっていません。参考になるものとして，大学教育に関する文書の中で，次のように説明した例があります。

（アクティブ・ラーニングとは，）教員による一方向的な講義形式の教育とは異なり，学修者の能動的な学修への参加を取り入れた教授・学習法の総称。学修者が能動的に学修することによって，認知的，倫理的，社会的能力，教養，知識，経験を含めた汎用的能力の育成を図る。発見学習，問題解決学習，体験学習，調査学習等が含まれるが，教室内でのグループディスカッション，ディベート，グループ・ワーク等も有効なアクティブ・ラーニングの方法である。（『新たな未来を築くための大学教育の質的転換に向けて～生涯学び続け，主体的に考える力を育成する大学へ～（答申）』（平成24年８月，中央教育審議会）の「用語集」より）

ここからわかるように，もともと，教師の一方的な講義に偏りがちな大学の授業について反省し，学生がもっと能動的に学ぶような形態に改めていこうとする考え方です。しかしながら，実際には，小学校や中学校において広く関心をもたれているようです。その理由の１つは，“active”という語がもつ「活発」「元気」という意味が，学習についての「積極的」「主体的」という意味を超えて受け入れられていることが挙げられそうです。ただ，これは，「活発で元気な学習＝アクティブ・ラーニング」（活発で元気がなければアクティブ・ラーニングではない）という認識につながる懸念があります。実際に，現在，アクティブ・ラーニングの試行をうたっている実践の中には，こうした捉え方をしているものも散見されます。今一度，アクティブ・ラーニングの本質について整理する必要があるのではないでしょうか。

平成27年度「全国学力・学習状況調査」から，生徒質問紙調査に次の項目が加わりました。

１・２年のときに受けた授業では，学級やグループの中で<u>自分たちで課題を立てて，その解決に向けて情報を集め，話し合いながら整理して，表現するなどの学習活動</u>に取り組んでいたと思いますか。（下線は筆者）

この下線部の内容は，アクティブ・ラーニングのイメージを捉える１つの材料になると思います。要素を取り出すならば，「課題解決を目指す」「解決のための話合いがある」「考えを表現する場面がある」ということになります。こう整理すると，アクティブ・ラーニングと，国語科における言語活動との関係が見えてきます。

平成20年版学習指導要領の実施に合わせ，中学校国語科においては，「課題解決的な言語活動」を単元に位置づけることで，主体的な学習を促す取り組みが続けられてきました。例えば，「話すこと・聞くこと」の領域において，

・「修学旅行について下級生にポスターセッションで報告する」という課題を設定する。
・その課題を解決するために，何をどんな順序で報告するか，その際にどんな資料を用いるかを話し合う。
・実際のポスターセッションをとおして，話す能力を確実に身につける。

というような授業です。これは，前述のアクティブ・ラーニングの要素を満たしています。この意味で，アクティブ・ラーニングは特に新しい概念ではありません。とは言え，「そんなことはこれまでもやってきた」「今までどおりでよい」という台詞は国語科の実践を停滞させてしまうことになりますから，「言語活動の充実」をアクティブ・ラーニングの視点で再検討し，次の段階の授業づくりに進む足がかりにすることが大事であるように考えます。

そこで本書では，「言語活動の充実」を引き続き国語科の授業の基盤としつつ，アクティブ・ラーニングを授業の局面で捉えるのではなく，単元全体で実現するものと整理しました。そのうえで，授業の構想段階から評価に至るまで，次の５つの視点を設定しました。

1　生徒が興味をもつ教材・題材と魅力的な導入（日常生活・社会生活との関連）
2　課題解決的な学習，既習事項を活用する学習
3　学習の見通し，本時の目標の明示
4　自分の考えを発表・交流する機会
5　「できた」「わかった」の実感，「できたこと」「わかったこと」の振り返り

Chapter１では，この５つの視点について詳しく説明します。Chapter２では，アクティブ・ラーニングを実現するための指導技術について具体的に述べます。

そして，Chapter３～５では，全国の優れた実践家の先生方が，５つの視点を明確にした授業を紹介しています。紹介に当たっては，「単元指導計画」「本時の流れ」に即して，各視点に基づいた「AL（Active Learning）のポイント」をできるだけ具体的に示すようにしました。また，「活動あって学習なし」の状態にならないためには適切な学習評価が重要であると考え，単元終了後のペーパーテストについても可能な限り例示するようにしました。

本書のねらいと特徴をご理解いただき，多くの先生方の日々の授業づくりに役立てていただければ幸いです。

本書の編集に当たり，貴重な事例を提供してくださいました先生方に心より感謝申し上げます。また，貴重な助言をいただいた文部科学省教科調査官の杉本直美先生，企画・編集にご尽力いただいた明治図書の木山麻衣子氏に篤く御礼申し上げます。

2016年６月　　冨山哲也

Contents

視点1　生徒が興味をもつ教材・題材と魅力的な導入（日常生活・社会生活との関連）

● 単元全体を通してアクティブ・ラーニングをデザインする

アクティブ・ラーニングは，単に話合いの形態や発表の仕方などを工夫するだけでは実現しない。単元全体を通してデザインしていくことが必要である。本書では，そのポイントを「５つの視点」として次のように整理した。

①生徒が興味をもつ教材・題材と魅力的な導入（日常生活・社会生活との関連）
②課題解決的な学習，既習事項を活用する学習
③学習の見通し，本時の目標の明示
④自分の考えを発表・交流する機会
⑤「できた」「わかった」の実感，「できたこと」「わかったこと」の振り返り

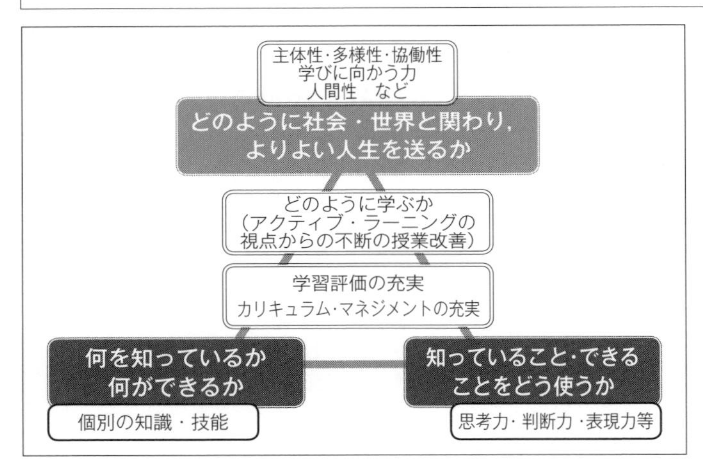

まず，生徒が興味をもつ教材・題材を設定するとともに，魅力的な導入を工夫するようにする。では，教材・題材選びのヒントはどこにあるだろうか。

左は，平成27年８月に公表された，教育課程企画特別部会「論点整理」の（補足資料）の一部である。ここには，これからの時代に育成すべき資質・能力が「三つの柱」として整理されている。このうち，「主体性・多様性・協働性，学びに向かう力，人間性」については，次のように説明されている（「論点整理」本文より）。

・主体的に学習に取り組む態度も含めた学びに向かう力や，自己の感情や行動を統制する能力，自らの思考のプロセス等を客観的に捉える力など，いわゆる「メタ認知」に関するもの。
・多様性を尊重する態度と互いのよさを生かして協働する力，持続可能な社会づくりに向けた態度，リーダーシップやチームワーク，感性，優しさや思いやりなど，人間性等に関するもの。

このような資質・能力を育成するためには，生徒が学習する必然性を感じ，切実感をもって取り組む教材・題材が必要である。そこで，日常生活・社会生活と関連した題材を取り上げる

ことが重要になってくる。
例えば，第３学年「読むこと」の言語活動例ア「物語や小説などを読んで批評すること」を具体化する際に，「ブックレビュー」という題材を取り入れる。ブックレビューとは書評のことであるが，新聞には新刊本のレビューが毎週掲載されるし，本の通販サイトでも☆の数で評価を付したレビューが多く寄せられ，本を購入する際の参考となっている。また，本を読んだ後にレビューを読むことにより，自分が気づかなかった作品の魅力を知ったり，紙面やインターネット上で意見を交換したりすることもある。このようなブックレビューの存在や意義を知ったうえで，教科書教材や自分が選んだ本についてレビューを書いてみるのである。
導入では，新聞やインターネット上のブックレビューを具体的に読むようにする。同じ作品についても好悪・賛否の様々な意見があることを知るとともに，ブックレビューを書く（読む）面白さを感じることができる。これを動機づけとして，各自がブックレビューを書く。
☆は，総合評価として使ってもよいが，いくつかの観点を設けてそれぞれに☆を付すようにする方が効果的である。どのような観点を設けるかを考えること自体が学習になるからである。生徒は，これまでの国語学習を振り返り，文学的な文章であれば，「登場人物の魅力」「印象的な描写」「テーマの深さ」「読後の余韻」などの観点を設定することができるだろう。これらについて，最大☆５つで評価する。その上で，なぜその☆の数になるのかを具体的に説明すればブックレビューが完成する。

● 日常生活・社会生活を取り入れた授業づくり

もちろん，常にこのような新規の題材を設定するのは難しい。日常的な授業は教科書教材が基本となる。教科書教材も魅力的なものがたくさんあるが，そのまま用いたのでは生徒が「乗ってこない」と悩んでいる先生も多い。そのような先生は，目の前の生徒の生活とより密接に関連させて導入を工夫したり教材をアレンジしたりすることで，さらに意欲を引き出すことに取り組んでみるとよい。例えば，複数の和歌を読む学習をする際に，地元の風景を詠んだ作品を教材に加える。「書くこと」の学習で物語の創作をする際に，地元に伝わる昔話の登場人物やストーリーを参考にする。このような工夫が実際に各地の中学校の授業において行われ，生徒の関心・意欲を高めている。
日常生活・社会生活との関連を図った授業は，単元末の振り返りの在り方にも影響を与える。学習したことを基に，今一度，身の回りの事象を見つめ直させるのである。前述のブックレビューを書く学習の場合なら，書評という文化が定着していることを認識し，自分の読書生活にそれを生かしていくことができないかと考えさせることが重要である。「メタ認知」を授業内容の範囲にとどめることなく，日常生活・社会生活へ広げるところまで含めるようにする。それにより，授業が終わった後もアクティブに学んでいく姿勢が育まれるのではないだろうか。

視点2　課題解決的な学習，既習事項を活用する学習

● 単元に課題解決的な学習を位置づける意味

平成20年版学習指導要領では，国語科の内容の（2）に「言語活動例」を明示し，領域の指導は言語活動を通して行うことを原則とした。この言語活動について，基本的に課題解決的な活動としてイメージすることが必要であることは，拙編著『〈単元構想表〉が活きる！中学校国語科 授業＆評価 GUIDE BOOK』等で述べてきた。単元に課題解決的な学習を位置づける意味は多様にあるが，ここでは改めて３点取り上げて整理する。

第１は，思考力・判断力・表現力を育成するためである。知識・技能は必要なものであるが，活動と切り離して注入的に指導するだけでは思考・判断・表現につながらず，結果的に定着しない。端的な例で言えば，「頭語，前文，本文，末文，あとづけ」という手紙の形式を覚えるだけでは十分でなく，目的と相手に応じて，形式に沿った内容を実際に書いてみる必要があるということである。実際に手紙を書くという課題解決的な活動をとおして，生徒は様々なことを思考する。例えば，小学校の先生に近況を報告する手紙を書く場合，前文に何を書けばよいだろうか。一般的な季節の挨拶か，先生の健康への気づかいか，小学校の思い出の小さな回想か。その選択に思考が働く。

第２は，自分の考えの形成を促し，交流や協働の場面をつくり出すためである。課題解決の方法は１つとは限らない。個々の生徒が考えた方法を交流することでいっそう明確にしたり，考えを出し合ってグループで課題を解決したりすることは，正にアクティブ・ラーニングである。例えば，「『おくのほそ道』を３分で紹介する映像資料を作ろう」という課題を設定し，グループで取り組むようにする。学習は，紹介する内容の決定，資料の収集，コンテンツの作成，構成の決定，全体の編集などの過程を踏むことになるだろう。そのそれぞれのステップにおいて，一人一人がアイデアをもつとともに，協働的に学習を進めることができる。

第３は，「視点１」とも関連するが，日常生活・社会生活につなげるためである。日常生活・社会生活は大小の課題解決の連続である。特に，変化の激しい現代社会では，正解が準備されていない課題が次々と発現する。それを解決するためには，知識・技能，思考力・判断力・表現力とともに，集中力や粘り強さも必要となる。これらを総合的に育成するには，課題解決的な学習が不可欠である。

また，今後，他教科等においても課題解決的な学習がいっそう重視されるようになる。その多くが言語による課題解決であることを考えれば，国語科が課題解決のベースを指導することを意識しなければならない。他教科等との関連を図る指導をする際には，国語科としてどのような力を育成するのかを明確にしておくことが重要である。

● 既習事項を活用させるための工夫

第3学年				No.	1	2	3	4	5	6
				単元名（教材・題材）	□□□□□□	□□□□□□	観光パンフレットを批評しよう	□□□□□□	□□□□□□	□□□□□□
				指導時数	3	4	5	4	5	6
B 書くこと	指導事項	課題設定や取材構成	ア	社会生活の中から課題を決め，取材を繰り返しながら自分の考え深めるとともに，文章の形態を選択して適切な構成を工夫すること。	◎					○
		記述	イ	論理の展開を工夫し，資料を適切に引用するなどして，説得力のある文章を書くこと。			◎	○		◎
		推敲	ウ	書いた文章を読み返し，文章全体を整えること。		◎			○	
		交流	エ	書いた文章を互いに読み合い，論理の展開の仕方や表現の仕方などについて評価して自分の表現に役立てるとともに，ものの見方や考え方を深めること。			○		◎	
	言語活動例		ア	関心のある事柄について批評する文章を書くこと。			●		●	
			イ	目的に応じて様々な文章などを集め，工夫して編集すること。		●				●
				（上記以外の言語活動）	●			●		
〔伝統的な言語文化と国語の特質に関する事項〕	(1)ア	伝統的な言語文化に関する事項	(ア)	歴史的背景などに注意して古典を読み，その世界に親しむこと。						
			(イ)	古典の一節を引用するなどして，古典に関する簡単な文章を書くこと。				◎		
	(1)イ	言葉の特徴やきまりに関する事項	(ア)	時間の経過による言葉の変化や世代による言葉の違いを理解するとともに，敬語を社会生活の中で適切に使うこと。	○					
			(イ)	慣用句・四字熟語などに関する知識を広げ，和語・漢語・外来語などの使い分けに注意し，語感を磨き語彙を豊かにすること。		○	◎			
	(1)ウ	漢字に関する事項	(ア)	第2学年までに学習した常用漢字に加え，その他の常用漢字の大体を読むこと						
			(イ)	学年別漢字配当表に示されている漢字について，文や文章の中で使い慣れること。					◎	
	(2)	（書写）	ア	身の回りの多様な文字に関心をもち，効果的に文字を書くこと。						○

「年間指導計画表」の例（第3学年「書くこと」の一部を抜粋）

課題解決的な言語活動を位置づけた授業に対して，「活発な姿は見られるが，これで本当に力がつくのか」という疑問の声を聞くことがある。活動の重視が基礎学力の低下を招かないようにするためには，活動をとおして身につけさせたい力を明確にするとともに，既習事項を活用させる視点をもつことである。

左に示したのは，国語科の年間指導計画表の一例である（出典は，『評価規準の作成，評価方法等の工夫改善のための参考資料【中学校 国語】』国立教育政策研究所教育課程研究センター，平成23年11月）。この表では，縦軸に指導事項と言語活動例が示され，横軸に単元名が示されている。◎や○はその単元で重点的に指導する内容であり，◎については「A」「B」「C」で評価する。「観光パンフレットを批評しよう」という単元では，指導事項イ「論理の展開を工夫し，資料を適切に引用するなどして，説得力のある文章を書くこと」を重点的に指導し，単元終了時には，例えば「資料の引用の仕方」が既習事項となる。年間指導計画表では，No.6の単元で再び指導事項イを位置づけることになっており，その際は，「『観光パンフレットを批評しよう』の授業で学習した資料引用の仕方を思い出して使ってみよう」と促すことになる。ノートやワークシートを読み返す時間をとるといっそう効果的だろう。

このような指導によって，生徒が自ら既習事項を活用しようとする意識をもつようになれば，主体的な学習がさらに前進する。そのためには，ノートやワークシートを既習事項のデータベースとして整理させていくような工夫が必要になる。例えば，ノートやカードに学習用語を整理したり，ワークシートにインデックスをつけて綴じさせたりすることが効果的である。もちろん教師自身も，指導内容の系統性や発展性について確かな理解をもたなくてはならない。

視点３　学習の見通し，本時の目標の明示

● 主体的な学習を促す目標の明示

下に示したのは，平成27年度「全国学力・学習状況調査」における児童生徒質問紙調査の結果の一部である。

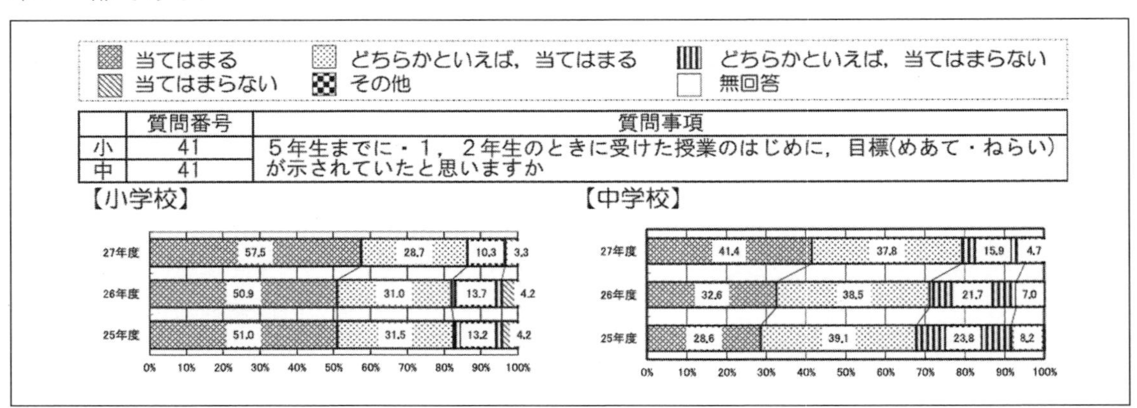

	質問番号	質問事項
小	41	５年生までに・１，２年生のときに受けた授業のはじめに，目標(めあて・ねらい)が示されていたと思いますか
中	41	

前年度までの授業において，授業のはじめに目標（めあて・ねらい）が示されていたと明確に答えている割合は，小学校第６学年では57.5%であるのに対して中学校第３学年では41.4%であり，15ポイント以上の差がある。２年前にさかのぼるとその差はもっと顕著であり，約23ポイントの差があったことがわかる。このことから，中学校において授業のはじめに目標を明示することは，近年意識されてきてはいるが未だに十分とは言えない状況であると捉えることができよう。

本時の目標や，単元の見通しを生徒に示すことは，学習すべき内容を教師と生徒が共有するということである。ともすれば，学習内容や学習計画を教師だけが知っていて，教師からの指示や発問がなければ全く学習が進まないという状況に陥ることがある。これでは，生徒は主体的になりようがない。単元全体を通して，あるいは一単位時間について，何を目指してどのように学習を進めるのか生徒もともに理解することが必要である。小学校では，授業のはじめに「めあて」を板書し，児童が声に出して読んで確認することが広く行われている。中学校でも，「目標」や「課題」という文字がマグネットに印刷されて黒板に常時掲示され，どの教科でも共通して使用するように決めて取り組んでいる学校が増えている。

目標や課題を明示するためには，その時間に生徒につけたい力が明確になっていないといけない。また，教師の説明に終始してしまう授業では，生徒の立場に立った目標を設定することが難しい。裏返して言えば，本時の目標を明示することによって，生徒が主体的に考える授業の構想が促されるということである。

課題解決の見通しをもつ

本との再会
～知識や経験と結びつけて本を読み，その価値を知る～
○本単元の見通し
1　本を選んだ理由を説明する。
2　本を再読して読み味わう。
3　本との再会を果たした自分を見つめる。
4　本と自分との結びつきを語り，本の価値について考える（フリップボードを用いて交流する）。
5「本との再会レポート」をまとめる。
6　単元のまとめ（振り返り）レポートを書く。

単元の見通しの明示の例（横浜国立大学附属横浜中学校）

本時の目標に加えて，単元全体の学習の見通しを明示する実践も増えている。左は「読むこと」の単元の見通しを示したものである。子供のころに読んだ本を中学生になって改めて読み返し，どう読み方が変わったかを考える。それをとおして，自分自身を見つめ直してみようという授業である。このようなダイナミックな学習に生徒が主体的に取り組めるよう，ステップが具体化されている。このような画面がパソコンで作成され，毎時間導入時にプロジェクターで投影された。これにより，単元全体を通して追究している課題を確認するとともに，そのために本時は何をするのかが明確になる。

また，このような単元の見通し自体を生徒に考えさせることも大切である。それはすなわち，課題解決の見通しを立てることになるからである。次期学習指導要領では，各教科等の特性に応じて重視すべき学習過程の在り方に関する基本的な考え方を示すことが求められている。国語科に関しては，既に，現行学習指導要領の指導事項の配列に当たって次のような学習過程が意識されている。

○話すこと・聞くこと…「話題設定や取材」（何を話すかを決めて材料を集める）→「話すこと」（話す準備をし，実際に話す）→「聞くこと」（話を聞いて質問したり考えをまとめたりする）

○書くこと…「課題設定や取材」（何について書くかを決めて材料を集める）→「構成」（文章の組み立てを考える）→「記述」（実際に文章を書く）→「推敲」（読み返して間違いを直したりよりわかりやすい文章にしたりする）→「交流」（他の人と読み合って助言し合う）

○読むこと…「語句の意味の理解」（文章中の語句の意味を理解する）→「文章の解釈」（内容を理解して意味づける）→「自分の考えの形成」（内容や形式について自分の考えをもつ）→「読書と情報活用」（興味を広げて本や文章を読む）

一般的な学習の進め方を知ることは，日常生活や社会生活における課題を解決したり，他教科等における課題に対応したりするために極めて重要である。これからの国語科の授業における「学習の見通し」は，言葉を使って課題を解決するための学習過程を認識するものとして，いっそう重要になっていくと考えられる。

視点4　自分の考えを発表・交流する機会

● グループ学習の長所と短所

アクティブ・ラーニングが「主体的・協働的な学習」という言葉で説明されるように，自分の考えを発表したり交流したりすることは単元構想の重点である。前述の「論点整理」の中でも，「三つの資質・能力」（8ページ参照）の中の「思考力・判断力・表現力等」について，次のように説明している。

（略）情報を他者と共有しながら，対話や議論を通じて互いの多様な考え方の共通点や相違点を理解し，相手の考えに共感したり多様な考えを統合したりして，協力しながら問題を解決していくこと（協働的問題解決）のために必要な思考力・判断力・表現力等である。

単に自分の意見を他の人の前で述べればよいのではなく，双方向性のあるコミュニケーションを通して，それぞれが考えを深めたり集団として新たな考えを生み出したりするような学習が求められている。

意見の発表や交流は，学級全体で行う形態とペアやグループで行う形態があるが，実態としてはグループ学習を取り入れる授業がいっそう増えている。言うまでもなく，グループ学習は以前から広く行われてきた学習形態であり，その利点と欠点は既に様々な論考で触れられている。長所としては，

・多くの子供が学習に参加しやすくなり意欲が高まる。
・子供同士の交流があり理解や認識が深まる。
・役割分担により学習に対する自主性や責任感が伸長する。

等が挙げられる。一方，短所としては，

・学習に時間がかかる。
・子供の姿が一見活発になるため教師が安心してしまう。
・グループ内の特定の子供に依存してしまうことがある。
・特にグループごとに取り組む内容が異なる場合，個々の子供の学習状況を捉えるのが難しくなる。

等が指摘されている。実際，現状でも，次のような授業場面を見ることが増えているように感じる。

◆個人の思考や作業が十分に行われないまま，すぐにグループになって学習が進められる。
◆グループで学ぶ目的や方法を子供がよく理解しないまま，グループ学習が始まる。
◆交流により考えを深めたりアイデアをまとめたりする過程が淡白で，結論も表層的である。
◆グループ学習の進め方に停滞や誤りが見られるのに，教師が関与したり全体に再指導した

りしない。

◆グループ学習後，各グループから発表や報告があるだけで，それらを分析・評価したり関連づけたりする一斉学習の場がない。

このような問題点を直視し，グループ学習の質の向上を図ることが，主体的・協働的な学習を成立させるために必須である。

● 活発で有意義な交流のための工夫

特に，「視点２」で述べた「課題解決的な学習」の設定が，考えの発表・交流と密接な関連がある。よく，「グループ学習が順に考えを述べることで終わってしまい，話合いにならない」という悩みを聞くが，課題解決に向けて多様な考えが出されなければ話し合う必然性が生まれない。アクティブ・ラーニングを授業の局面（例えば，話合いの場面のみ）で捉えるのではなく，単元全体でデザインする必要があると主張するのは，このような理由からである。加えて，考えの発表・交流を有意義なものにするために，以下の点に留意したい。

１点目は，グループの編成の仕方である。特に他者との協働を目指す場合は，意図的なグループ編成が求められる。例えば，「『吾輩は猫である』が読み継がれる理由を考える」という学習を行う場合，個々に見出した理由を交流する場面で，「同じ点に着目した人」でグループを作るのか，「異なった点に着目した人」でグループを作るのか（あるいは両方行うのか）によって，他者から学ぶことは変わってくる。また，『吾輩は猫である』について，ストーリー，情景描写，猫の言葉等の観点を分担してグループごとに魅力を追求する方法もある。その後，それぞれのグループからメンバーが集まり新たなグループを作って交流するという展開は，協働的な学習の進め方として多くの実践がある。

２点目は，考えを広げ深めるための工夫である。意図的なグループ編成によって，異なる考えを聞いて自分の考えが広がったり，同じ考えを聞いて自分の考えの根拠がいっそう明確になったりする変化が期待できる。しかし，グループ活動においては，個々の子供の考えがどのように広がったり深まったりしたのかが捉えにくい。これを補うのが，ノートやワークシートの工夫である。わかったことや考えたことを，グループ学習の前後で分けて記述したり，影響を受けた人の名前をメモで加えたりする工夫が効果的である。また，グループとしての学習のまとめの記述についても，曖昧な表現のままで終わらせないようすることが必要である。例えば，「主人公が優しいことがわかった」，「自然についての表現が素晴らしい」という記述だけは具体的でない。「なぜ」（優しいとわかったのか），「どこが」「どのように」（素晴らしいのか）という言葉を補うように，今一度グループで話し合うことを促す。グループ学習をしている際の，教師の机間指導の充実が求められる。

視点５　「できた」「わかった」の実感，「できたこと」「わかったこと」の振り返り

● 領域等の特性に応じた「できた」「わかった」という実感

学ぶことを楽しいと感じ，次の学習への意欲を喚起するのは，「できた」「わかった」という実感であろう。国語科の学習おいては，どのようなことで「できた」「わかった」と感じられる状態をつくり出せるだろうか。

「話すこと・聞くこと」「書くこと」は，技能の向上がわかりやすく，また，伝える相手からの反応によって自身の表現の成否を判断することができる。例えば「話すこと・聞くこと」における「話すこと」の指導事項に次のものがある。

（小学校第３学年及び第４学年）

ウ　相手を見たり，言葉の抑揚や強弱，間の取り方などに注意したりして話すこと。

（中学校第１学年）

イ　全体と部分，事実と意見との関係に注意して話を構成し，相手の反応を踏まえながら話すこと。

（中学校第３学年）

イ　場の状況や相手の様子に応じて話すとともに，敬語を適切に使うこと。

これに基づき，小学校の中学年で，相手を見て話すことを指導する。小学校の高学年にかけての習熟を経て，中学校の第１学年では，相手の反応を踏まえて話すことを指導する。単に原稿から目を離して相手を見るだけでなく，聞き手の表情や動作等から話がどのように受け止められているかを感じ取るようにするということである。さらに第３学年になると，聞き手の受け止め方によって話し方を具体的に変えることを求める。もし，聞き手の多くが首をかしげたら，話を一度止め，内容を繰り返したり別の言葉で説明し直したりするということである。このような話す技能の向上を自覚させるためには，モデルとなる映像を示したり教師自らが演じたりして，今回の単元で身につけたい力を具体的に理解させることが必要である。導入段階でこれが行われていれば，振り返りにおいて「できた」という実感がもちやすくなる。書写の技能の指導も同様である。学習前の文字と学習後の文字を並べてみることで，文字を整えて書くための知識が「わかった」，それに基づいて実際に書くことが「できた」と実感できる。

これに比べると，「読むこと」における「できた」「わかった」は実感しにくいかもしれない。もちろん，難しい説明的な文章の内容や，文学的な文章に込められた作者のメッセージが「わかる」ことはあるが，個別の文章の理解が国語科の学習の目的ではない。

ここでも，「視点２」で述べた課題解決的な学習が関連してくる。例えば，「読むこと」の言語活動例にある「朗読」「本の紹介」「感想の交流」「情報の比較」「批評」等は，「できた」実

感をしやすく，また，活動を遂行するために必要な知識が「わかった」という実感も得やすいだろう。３領域１事項それぞれの特性を理解し，単元末の「できた」「わかった」状態を見通した計画を立てることが大切である。

● 学習過程をメタ認知する振り返り

「振り返り」については既に多くの実践があり，一般的になっている状況も見られる。その中で気になるのは，情意的な振り返りにやや偏重していることである。情意的な振り返りというのは，「学習に意欲的に取り組めましたか」という類の質問に点数や「◎○▲」で答えるような方法である。学習意欲を自己評価することは大事なことだが，学習の振り返りはそれだけでは十分でない。その時間にできたことやわかったこと，教師や他の生徒からの参考になった助言，次の時間に取り組みたいこと等についても考えさせたい。言うまでもなく，「視点３」との関連で，一単位時間においては「本時の目標」，単元末においては「学習の見通し」に呼応する振り返りが必要である。

特に課題解決的な活動を設定した単元の終末においては，どのようにして課題を解決したのかという過程を振り返るようにする。例えば，「『少年の日の思い出』の印象に残った場面を朗読する」という活動を設定した単元においては，次のような学習過程をたどることが考えられる。

① 全文を通読し，印象に残った場面を選ぶ。
② 選んだ場面について，語句の意味を確かめながら想像を広げて読む。
③ 本文に音読記号や声の出し方のメモを書き込み，そのように読む理由を記す。
④ 朗読の練習をする。
⑤ 同じ場面を選んだ人同士で朗読を聞き合い，意見を述べながら読みを深める。
⑥ 他の場面を選んだ人の朗読を聞き，自分が選んだ場面と関連づけて意見を述べ合う。

単元末に，このような学習過程をメタ認知できることが重要である。どのように課題を解決したか認識することは，次に同じような課題に対したときに自力で解決することにつながる。

個別の内容に関して言えば，③では，音読記号や声の出し方の工夫についての知識を得たり確認したりする。④では，実際に声に出して表現することの難しさや楽しさを味わう。⑤⑥では，朗読の工夫をすることで文章をより深く味わう。これらのことについての振り返りにより，朗読という言語文化についての関心を高めたり技能の定着を図ったりすることが期待できる。

さて，このように振り返りは重要であるが，それに時間がかかりすぎて思考や活動の時間が少なくなってしまうのは本末転倒である。特に，一単位時間の振り返りは簡潔にテンポよく行いたい。振り返りの内容を発表させる場合も人数を絞るようにする。その代わりに，発表内容についての教師からの評価のコメントを端的に示すことが大切である。単元末の振り返りはある程度の時間が必要になるだろうが，定期テストの内容にその一部を取り入れることもできよう。

指導技術 1　アクティブ・ラーニングを実現する教室環境 —板書・座席・教師モデル—

● 学習の見通しを助ける掲示物

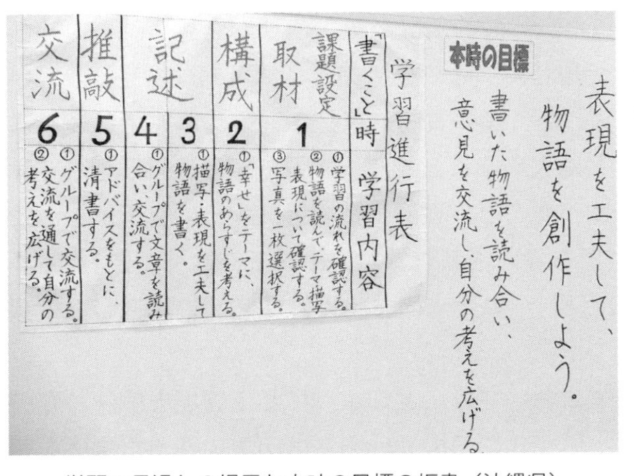

学習の見通しの掲示と本時の目標の板書（沖縄県）

生徒が主体的に学習するためには，単元全体の見通しをもつとともに，毎時間取り組むべきことを明確にすることが重要である。

このうち，単元全体の見通しについては，掲示物の形にしておくことで，毎回示すことが容易になる。また，大画面テレビや電子黒板に映し出す方法もある。あるいは，毎時間の振り返りメモが書ける欄と併せて，プリントの形で配付している実践も多い。いずれの場合も，単元全体を俯瞰しながら学習が進められるよう，繰り返し意識づけをすることが重要である。

● 板書の工夫

意見の発表や交流のある学習では，板書が重要な働きをする。教師は本時の学習の流れが構造的にわかるような板書を常に心掛けるようにする。文字の大きさ，字下げ，色使い，枠囲み，矢印や記号などを組み合わせて構造化を図るが，あまり複雑にならないように注意する。また，色使い等については一定のきまり（黄色は「学習用語」を表すなど）を示して使うようにするとよい。特に，生徒から出される多様な考えを板書に整理していくことは，分類や比較の思考を可視化することになり，生徒にとって貴重な学習の題材になる。経験の浅い先生は，丁寧な板書計画を作りながらシミュレーションをしてみてほしい。

ノート指導とも関連するが，生徒のノートが板書をそのまま写すだけのものになってしまっている場合がある。もっと自分の考えを書き込んでほしいと思う場合には，板書に空欄の吹き出しを書いて各自が内容を記述するように促すなどの方法がある。

最近は，電子黒板の導入も進んでいる。電子黒板には様々な機能があるが，ホワイトボードに資料を投影し，その上に書き込みをする使い方は特に汎用性が高い。例えば，教材の本文を映して傍線やメモを書き込む，表の枠組みを映して内容を書き込む，生徒の作成物を映してコメントを書き込む等が考えられる。さらに，書き込んだ映像を保存しておくことで，既習事項を振り返る際に効果的に使うことができる。

座席などの工夫

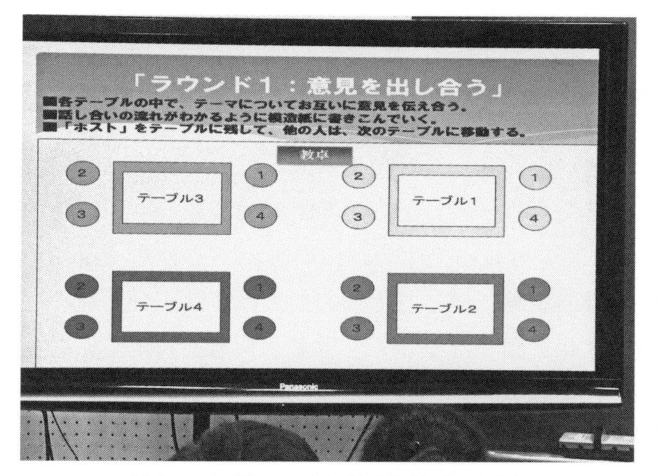

話合いの形態の工夫と説明資料（東京都）

グループ学習を取り入れる場合は，座席の配置等でも様々な工夫が考えられる。最近は，より多くの人と意見を交流したり，分担して調べた内容を持ち寄って新たな考えを生み出したりするために，一単位時間の中でグループを変えながら学習を進める実践も増えている。この場合，個々の生徒が集団を変えることの意味が十分理解できるよう，映像を用いながら丁寧に説明したり，グループ番号がわかる立体の掲示をそれぞれの座席の上に立てたりするよう工夫するとよい。

グループ学習とは異なるが，教室内をいくつかのコーナーに分け，それぞれの課題に応じて教材・教具等を整え学習を進める方法もある。例えば，ことわざや慣用句について調べる学習をする際，「辞書・事典のコーナー」「新聞のコーナー」「インターネットのコーナー」「ゲストティーチャーにインタビューするコーナー」を設けることなどが考えられる。

また，特別に座席を動かさず，個々の生徒が自分の机の上に作成物を置き，全員が教室内を自由に動き回りながら作成物を見合うという交流の方法もある。この場合は，立ったままメモがとりやすいようクリップボードやその代用品を準備するなど，学習形態に即した細かな配慮が重要である。

教師による活動のモデルの掲示

課題解決的な学習のゴールのイメージをもたせるために，教師がモデルを作成して（または演じて），それを示すことがある。例えばインタビューの活動をする際に，教師自身が「よいインタビュー」と「改善する余地のあるインタビュー」の２つを演じて映像で示し，その違いを生徒に分析させる方法がある。また，事物を批評する文章など生徒が初めて書く文章のモデルを教師が作成して示したり，説明的な文章の内容をポスターにまとめる活動の導入に，教師が別の文章を使って作成した具体例を示したりすることなどが考えられる。この場合注意したいのは，小学校時代や前の学年までに同様の活動をしたことがないか確認することと，モデルの提示が活動の極端な画一化・マニュアル化を招かないようにすることである。形式的にモデルをまねるだけでは，思考・判断・表現したことにならない。どのようなモデルを掲示するか，教師の力量が問われる。

指導技術２　生徒の主体性を引き出す指導

● 考えさせたい場面では教えすぎない

指導に当たる全ての生徒に学力をつけたいというのは，教師の基本的な思いである。特に，小学校に比べて指導すべき知識・技能の量が多くなり，取り上げる教材の内容も難しくなる中学校においては，「難しいことをわかりやすく教えられる先生」が良い教師であった。現在もその力が否定されるわけではないが，教師主導の講義に偏した指導の力だけでは十分でない。生徒の主体性を引き出したり考えの交流の活性化を図ったりして，思考・判断・表現するアクティブ・ラーニングを成立させる力が求められている。

平成20年版学習指導要領の実施以降，国語科の授業において課題解決的な言語活動を設定した単元が多く構想されるようになった。結果として，生徒の主体性が高まったことがデータとしても証明されているが，一方で，言語活動をマニュアル的に示す傾向が見られることも否めない。これは，全ての生徒に言語活動を遂行させたいという教師の思いから発するものであろうが，言うまでもなく，マニュアル的に進める活動では，思考・判断・表現の過程が損なわれる懸念がある。言語活動を通して考えさせたいことを明確にし，その場面では「教えすぎない」ことを心がけ，生徒が思考・判断・表現するのを待つ姿勢が大切である。

● 思考の足跡を記述させるノート指導

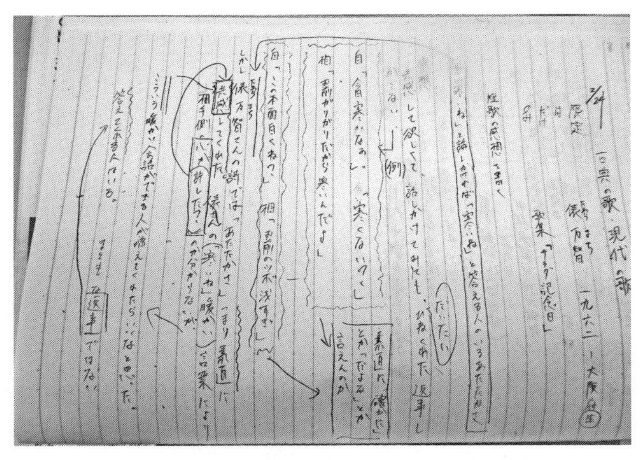

生徒の思考の足跡がわかるノート（静岡県）

生徒の思考・判断・表現を助けるツールの一つがノートである。左のノートは，「短歌を読んで感想を書く」学習に当たって生徒が書いたものである。

この生徒は，俵万智氏の，

「『寒いね』と話しかければ『寒いね』と答える人のいるあたたかさ」を読み，

共感して話しかけても，だいたいひねくれた返事しかしない。

と，自身の日常生活を振り返り，会話の具体例として，

自分「今日寒いなあ。寒くない？」　相手「お前がガリガリだから寒いんだよ」

とユーモアを交えて書いた上で，

素直に，「確かに」とか「だよね」と言えないのか。

と吹き出しで書き込みをしている。そして，感想として，

しかし，俵万智さんの詩では，「あたたかさ」つまり素直に共感してくれた。
こういうあたたかい会話ができる人が増えてくれたらいいなと思った。

とまとめている。その他にも，様々な思考をした足跡がノートに残っており，生きた学習の記録になっている。このようなノートの取り方を具体的に生徒に示し，全体に広めていくことが重要である。

●「プラス１（ワン）」の発想を促し認める

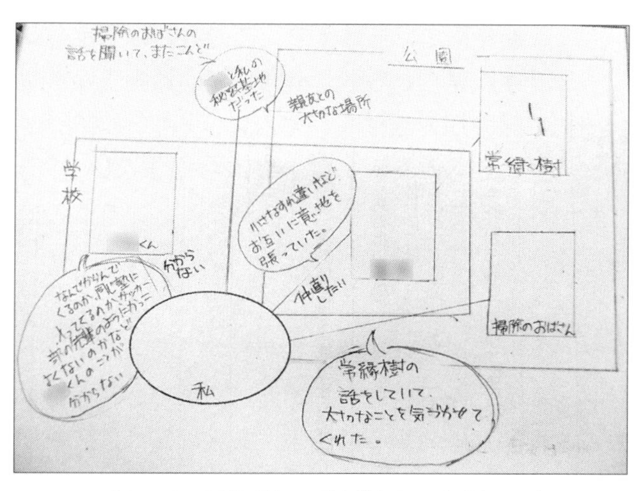

プラス１の記述がある「人物相関図」（鳥取県）

言語活動をマニュアル的なものにしないためには，活動の中で「プラス１」の発想をすることを促し，表現されたものを教師が認めて積極的に取り上げていくことが大切である。例えば，「文学的な文章について『人物相関図』を使って紹介する」という言語活動がある。これを行うとき，「人物相関図」に書き込むべき内容や書式を限定してしまうのではなく，自分が思いついたことを自由に書き加えてよいことにしてみたらどうだろう。

左上は，『星の花が降るころに』（光村図書，第１学年）について，「人物相関図を使って作品の魅力を紹介する」という言語活動を行った際の生徒の作成物である。主人公の「私」と，主要な人物（夏美，戸部くん，掃除のおばさん）との関係が，線やコメントを組み合わせて図示されている。注目したいのは，この相関図の中に，「学校」と「公園」という枠を書き込んでいることである。このことにより，この作品には「学校」と「公園」という２つの世界が描かれ，「私」がその２つを行き来しながら「夏美」との関わりを考えていることが見えてくる。生徒が自分なりの考えを書き加えることで，新たな作品の魅力を発見したと言ってもよいだろう。あとは，教師が，この生徒の「プラス１」の発想を的確に取り上げて，本人に記述の意味を説明させたり学級全体に示して他の生徒の意見を求めたりすることである。そのことが，さらなる「プラス１」を生み出すことにもつながる。

指導技術３　自学ノートや読書ノートによる家庭学習の工夫

●学習を振り返り，次につなげるノート

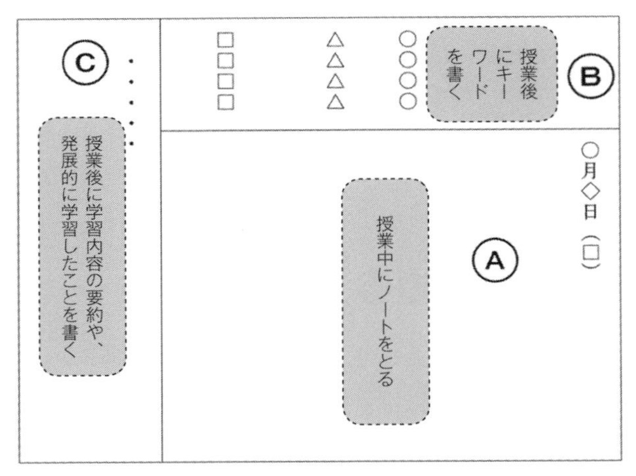

ノート指導の例（参考：コーネル大学式ノート）

現在，「自学（自主学習）ノート」の取り組みが全国的に行われている。

生徒に家庭学習の習慣を身につけさせるために，自主的に学習した内容をノートに記し，教師がそれを点検してコメントを添えて励ますというのが一般的である。家庭学習を通して基礎的・基本的な知識・技能を身につけるうえで，この方法は一定の効果が見られるが，実践している先生から共通の悩みを聞く。それは，「何をしていいのかわからない生徒が取り組まない」「そのような生徒に別に課題を準備することで，教師がいっそう多忙になっている」という悩みである。

こうした問題を解決するために，上に示したようなノートをとるように指導してはどうだろうか。これは，アメリカの「コーネル大学式ノート」の形式を参考にしたものである。ノートは３つの部分でできている。Ⓐは，授業中にノートをとるスペースである。前項でも述べたように，板書を写すだけでなく，自分が考えたことも記述するように促す。家庭学習では，まずノートを開いてⒶの内容を見直し，今日の授業のキーワードと思われるものをⒷのスペースに書き出す。さらに，時間があれば，Ⓒのスペースに，本時の学習内容を要約して書いたり，授業に関連して調べたことや発展的に学習したことを記述したりする。このようなノートを定期的に提出させ，教科担任が点検するようにする。

この方法により，次のようなメリットが考えられる。

○家庭で学習しようとするとき，何をしたらよいかがわかる。

○基礎的・基本的な知識・技能が整理されるとともに，思考したり学習意欲を発揮したりする機会になる。

○復習により学習内容が定着し，次の授業の理解が深まる。

○結果的に，家庭学習のための特別な課題を準備する必要がなくなる。

言うまでもなく，ノートは毎日の学習で繰り返し用いられるツールである。これを見直すことで，家庭学習だけでなく様々な効果が期待できる。

● 日常的な読書と「読書ノート」の記入

国語科の学習は，授業以外の日常的な読書との関連抜きには語れない。特にアクティブ・ラーニングにおいては，

・課題を見出す段階
・課題を解決する段階
・課題解決を他の場面で生かす段階

それぞれにおいて読書や情報活用が必要になる。例えば，「『若者ことば』について意見を述べる文章を書く」という言語活動を設定した授業を考えてみる。まず，課題を見出す段階では，「若者ことば」とは何かを理解し，それに対する様々な意見を知るために読書が必要になる。多くの本や文章を読むほど，形成される意見は深いものになる。次に，その意見を文章で表現する段階では，自分の意見を支える事例を探したり，説得力のある意見文の書き方を学んだりするために読書が必要になる。そして，授業後も読書を続ける中で，他の課題を発見して意見文を書くことにより，学習したことが活用されることになる。逆に言えば，豊かな読書を伴わないと，アクティブ・ラーニングは形式的なもので終わってしまう懸念があるということである。

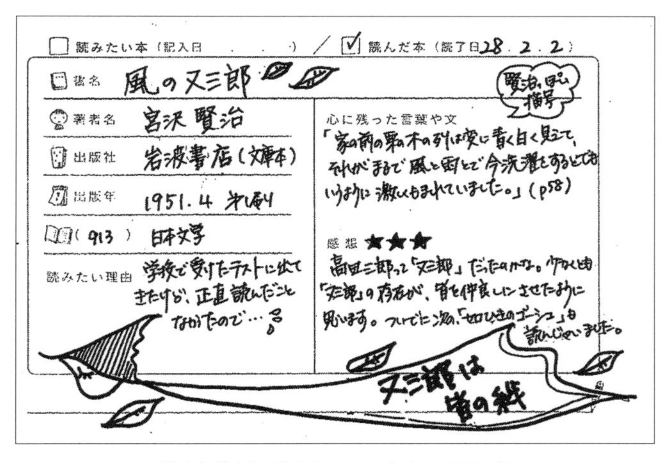

□読みたい本（記入日　．　．　）／☑読んだ本（読了日28．2．2）

書名　風の又三郎
著者名　宮沢賢治
出版社　岩波書店（文庫本）
出版年　1951．4　第1刷
（913）　日本文学
読みたい理由　学校で受けたテストに出てきたけど，正直読んだことなかったので…

心に残った言葉や文
「家の前の栗の木の列は変に青く白く見えて，それがまるで風と雨とで今洗濯をするとでもいうように激しくもまれていました。」（p58）

感想★★★
高田三郎って「又三郎」だったのかな。少なくとも「又三郎」の存在が，皆を仲良しにさせたように思います。ついでに次の「セロひきのゴーシュ」も読んじゃいました。

「読書生活デザインノート」の記入例

このような日常的な読書を推進するにあたり，簡単な読書記録をつけることに取り組みたい。上に示したのは，『読書生活デザインノート』（杉本直美監修，全国学校図書館協議会）の記入例である。このノートは，書名，著者名，出版社，出版年，その他の情報（ページ数やＮＤＣ〔日本十進分類法〕など）の書誌情報に加え，「心に残った言葉や文」「（簡単な）感想」を書く欄で構成されている。「感想」の欄には☆印が３つ印刷され，それを塗りつぶして評価してみることもできる。また，最上段に「読みたい本」とあるように，読みたい本を知ったらその段階で「書名」と「読みたい理由」だけ記入しておき，実際に読んだ後に他の項目を記入するという工夫も取り入れられている。この書式以外に，『読書あれこれ』というコーナーがあり，本や読書生活について気づいたこと・考えたことを記入できるようになっている。

このようなノートの活用に家庭と連携して取り組むことで，アクティブ・ラーニングの質が大きく向上するだろう。

生徒の思考を活性化する教具・図表・付箋紙の使い方

話合いを活性化する教具

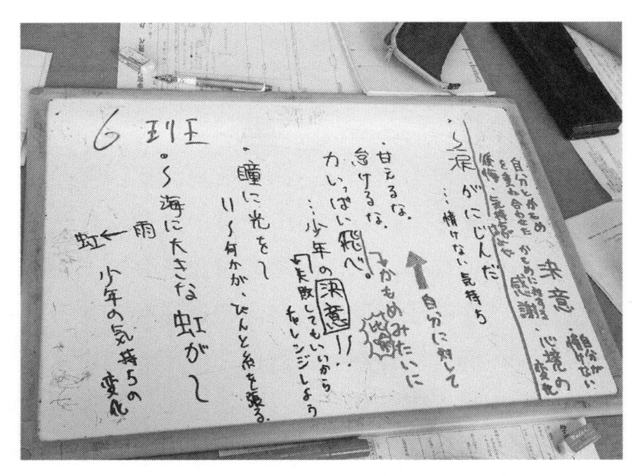

グループの意見をまとめるボード（東京都）

授業の中での話合いが活発になるかどうかは，課題の設定にかかっている。生徒が意欲をもって取り組める課題であること，課題の解決のために多様な意見が存在し，それを交流する意味があることが大事である。話合いが活性化しない場合は，まず，その点を確認したい。

そのうえで，教具を工夫するようにする。グループで話し合う際に小型のホワイトボードを使うことは，既に一般的になっている。ホワイトボードには大きく２つの使い方がある。教師はそれを理解し，目的に応じて活用させるようにすることが必要である。

１つは，グループの意見をまとめる使い方である。出された考えを書き出し，枠囲み，矢印，記号，色分けなどによって整理していく。この場合，文字は小さくて構わないし，丁寧さよりも速さを重視して書いていくことが大切である。

もう１つは，グループの意見を発表する使い方である。グループ学習の後に学級全体で学習することを前提として，各グループの意見をキーワードや一文にまとめてホワイトボードに記入する。ホワイトボードは黒板に並べて掲示され，各グループの考えを一覧することができる。教師は，それらの中から共通点や相違点等を見出させて，学級全体で学習を深めるようにする。この場合は，文字は教室の後ろから読める大きさでなければならない。太めのペンで，丁寧に読みやすい字を書くよう留意させる。

思考を助ける図表の利用

また，ホワイトボードに思考を助ける図表を印刷し，それに書き込みをしながら話合いを進めることも効果的である。例えば，２つの文章の共通点と相違点を整理する場合，白紙を前にして考えるよりも，ベン図に書き込みながら進める方が意見が出しやすい。図表が，思考を可視化するからである。このような図表は，関西大学の黒上晴夫教授らによって「シンキングツール」（思考ツール）としてまとめられ，滋賀大学教育学部附属中学校等で優れた実践が行われている。

付箋紙の様々な使い方

多様なサイズや色があり，貼る・はがすを繰り返すことができる付箋紙は，国語科の学習の中でも様々な使い方ができる。

最も多く見られるのは，情報の収集・整理の際の活用である。話したり書いたりするための材料を集めて付箋紙に書き，それらを分類しながら自分の考えを形成していく。

話や文章の構成を考える際にも，項目を書いた付箋紙を並べながら試行錯誤することが有効である。「事実」は黄色，「意見」は赤色と，付箋紙の色を変えることで，事実と意見の区別についての意識を高める工夫もある。

付箋紙の多様な活用方法（秋田県）

これ以外にも，インデックスとして付箋紙を使う方法がある。左の写真は，「『平家物語』の中から興味をもった人物を取り上げて紹介する」という言語活動を位置づけた授業の一場面である。参考として読んでいる本に，登場人物の名前を書いた付箋紙が挟まれていることがわかる。どのページにどんな人物が出てくるかがわかるインデックスになっている。

このような使い方を応用し，例えば，教科書や本の中から比喩表現を探してインデックスを付けたり，ワークシートにインデックスを付けて綴じこませたりすることなどが考えられる。

また，賛否が分かれる内容について討論するときに，自分の考えを付箋紙の色で明示する工夫もある。前半は同じ色の人と意見交換し，後半は異なった色の人と意見交換するようにする。相手の立場を考えて話したり聞いたりする力を育成するうえで効果的である。

生徒が自ら教具を選んで使う

これ以外にも，電子黒板，ビデオカメラ，デジタルカメラ，ＩＣレコーダーなど，様々な機器の導入も進んでいる。特にタブレットＰＣは，映像・動画・音声を簡単に記録・再生・表示でき，活用の幅が広い。機器の使い方の指導に時間がかかるという声も聞くが，生徒同士の教え合いを促すことによって予想以上に速く習熟することが多い。

アクティブ・ラーニングの観点からは，生徒が自らの課題解決に向けて，ホワイトボードや付箋紙，ＩＣＴ機器等を選んで使っていくような指導が望まれる。例えば，多様な教具を揃えた教室を「アクティブ・ラーニング教室」として整備し，各教科で活用するような実践が期待される。

指導技術 5　思考力・判断力・表現力を見取る評価と定期テスト

● 評価についての考え方

これからの時代の評価について，「論点整理」（8ページ参照）では，次のように述べている。

三要素のバランスのとれた学習評価を行っていくためには，指導と評価の一体化を図る中で，論述やレポートの作成，発表，グループでの話合い，作品の制作等といった多様な活動に取り組ませるパフォーマンス評価を取り入れ，ペーパーテストの結果に留まらない，多面的な評価を行っていくことが必要である。

これは，課題解決的な活動を通して生徒の資質・能力の高まりを見ていこうとするものであろう。国語科では，これまでも，指導事項と言語活動とを関連させて設定した評価規準を用い，生徒の言語活動の過程や成果を多様に捉えながら評価を行ってきた。このことの質を高めることが，引き続き求められている。

一方，一定の期間に学習した内容の定着を見るために，いわゆる「定期テスト」を実施することはこれからも続くと思われ，そこではペーパーテストが中心となることが予想できる。ペーパーテストは個々の生徒の学習状況を丁寧に見るうえで効果的な方法である。これを，単に知識・技能をみるだけでなく，思考力・判断力・表現力や主体性，学びに向かう力などをみるものとして作成することがこれからの課題である。

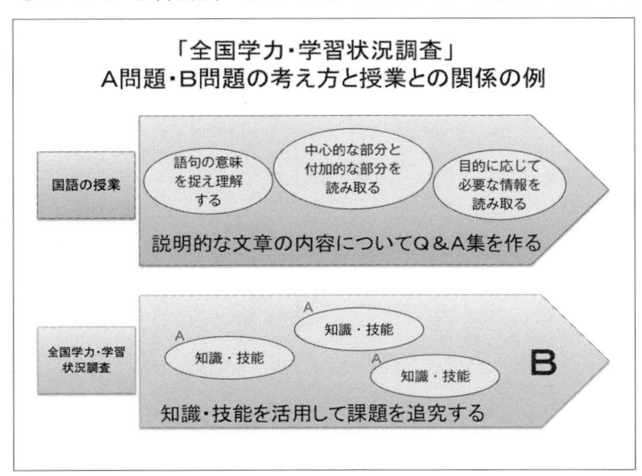

テスト問題づくりに当たっては，「全国学力・学習状況調査」の問題が大きなヒントになる。例えば，A問題・B問題の考え方と国語の授業との関連は左の図のように整理できる。授業では，個別の知識・技能を使いながら課題（この場合は「説明的な文章の内容についてQ＆A集を作る」）を解決していく。このような個別の知識・技能について一問一答的に問うのがA問題であり，知識・技能を活用して課題を追究することができるかどうかを問うのがB問題である。具体的には，図のような授業をした後のテストで，授業で取り上げたものとは異なる説明的な文章を示し，その内容について適切なQ＆Aを複数記述するような問いを設定すれば，思考力・判断力・表現力をみることができるだろう。

● 記述式問題を出題する意義

思考力・判断力・表現力等をみるためには，記述式問題が一定量必要になる。

平成28年３月現在，文部科学省の「高大接続システム改革会議」において，大学入学に関する学力テストの在り方について議論されている。新テストは，「大学入学希望者学力評価テスト（仮称）」と呼ばれ，従来のセンター試験に代わるものとして，マークシートだけでなく，一定の基準に基づいて評価することが可能な記述式問題を加えることで検討が進んでいる。第９回会議（平成27年12月）の配付資料では，記述式問題を出題する意義が次のようにまとめられている。

〇解答を選択肢の中から選ぶのではなく，自らの力で考え出すこととなり，より主体的な思考力・判断力の発揮が期待できる。

〇思考のプロセスが，文や文章の作成を通じて自覚的なものとなることにより，より論理的な思考力・表現力の発揮が期待できる。

〇記述による表現力の発揮が期待できる。特に，文や文章の作成に当たって，目的に応じた適切な表現様式を用いるなど，より適確な表現力の発揮が期待できる。

採点等の困難は伴うが，記述式問題に解答すること自体が，論理的な思考力や表現力を育成することにつながるということであり，これは中学校のテストにも当てはまる。

● 条件をつけて記述させる場合の留意点

上述の配付資料では，記述式問題を出題するに当たっては，自由記述方式でなく，条件付記述式により採点可能性を高めることが必要であると述べ，条件設定に当たっては，思考力・判断力・表現力を問う上で有効なものとすることが望まれるとしている。そのうえで，「問題に対する解答が正しいかどうかだけではなく，問題に対して解答するうえでの思考のプロセスが適切に遂行されているか否かがポイントとなる」と述べている。

これを参考にして，例えば次のようなテスト問題を考えることができる。

> （※『少年の日の思い出』の文章の一部を引用して）
> 母親の言葉，
> 「今日のうちでなければなりません。さあ，行きなさい。」
> を朗読しようと思います。次の問いに答えなさい。
> （問１）どのような手順を踏んで，読み方を決めるか説明しなさい。
> （問２）結論としてどのように朗読しますか。朗読の仕方と，そのように読む理由を説明しなさい。

学習過程のメタ認知等が重視される中，記述式問題についていっそうの工夫が求められる。

話すこと・聞くこと　　全４時間

１　ムカデ競争の実況をしよう

―英語科での学びを国語科に生かす―

● 単元のねらいと概要

本単元は，スクリーンに映した運動会の動画の実況をすることをとおして，伝えたいことをわかりやすく話す能力を高める学習である。本校の運動会では，中学校第１学年は，４人一組のムカデ競争によるクラス対抗のリレーを毎年行っている。その経験を生かして，次のようなStageでの学習活動を計画した。

Stage１　スポーツ実況の「冒頭30秒の名文句」(注) を参考に，ムカデ競争の冒頭の実況を考える。〈英語科での学びを生かす〉
Stage２　今年の運動会の動画を用いて，グループ別に実況の練習を行う。〈「実況フレーズ・メモ」を作成し，Stage３の学習活動の準備をする〉
Stage３　過去の運動会の動画に合わせて実況を行う。〈Stage１・２での学習を生かす〉

Stage３で用いるのは，「過去の運動会」の動画である。「競技方法は知っているが，展開や結末がわからない」ものを使用することで，原稿の暗記では対応できない学習活動を設定した。

● 指導事項と言語活動例

〈中心となる指導事項〉

イ　全体と部分，事実と意見との関係に注意して話を構成し，相手の反応を踏まえて話すこと。

〈言語活動例〉

ア　日常生活の話題について報告や紹介をしたり，それらを聞いて質問や助言をしたりすること。

評価規準

ア　国語への関心・意欲・態度	イ　話す・聞く能力	ウ　言語についての知識・理解・技能
①ムカデ競争の様子が相手によくわかるように，工夫して実況しようとしている。	①ムカデ競争の様子をわかりやすく実況するために，話の組み立てやフレーズを考えている。（イ）	①実況したい内容を適切に伝えるために，語句を選んでいる。（イ（イ））

● AL の視点での授業改善のポイント

①　生徒が興味をもつ教材・題材と魅力的な導入（日常生活・社会生活との関連）

本単元では，実況という言語活動の教材として，運動会での学年種目（ムカデ競争）の動画を用いた。実況を経験している生徒はいない状況であったが，「実際に出場した種目であるため，ルールや競技方法がわかっていること」，「初めて体験する学習活動に対する期待感」から，学習意欲を高めることができた。また，第１時に「実況について書かれた文章」(注) を用いて，学習活動のイメージを広げる工夫も行った。

②　課題解決的な学習，既習事項を活用する学習

本単元では，同じ言語教科である英語科での学びを意識した。「英語の学習が，国語の学習にどのように役立っていますか」というアンケートの回答として最も多かったのは，「省略された文の成分や語順を意識するようになった」というものであった。

本単元では，第１時にムカデ競争の冒頭の実況を考える際，実際のスポーツ実況では，「…が」「…を」「…に」などの文の成分が省略されていないことを確認する時間を設けた。また，話し言葉で文の成分を必要以上に省略すると，聞き手がわかりにくくなることなどを意識させた。

〈考えさせたいこと〉英語科と国語科は，同じ言語教科として，学習に関連があること。

〈使わせたい既習事項〉英語科で学んだ，文の組み立てについての知識。

③　学習の見通し，本時の目標の明示

単元の見通しについては，第１時の導入において全体像の説明を行っている。また，机間指導においては，毎時間の学習活動が「ゴールから逆算したときに，どのような意味を持っているのか」についての意味づけを行うようにした。本時の目標について説明するときも，前後の時間との目標の違いを，単元のゴールと結びつけて説明している。

④　自分の考えを発表・交流する機会

本単元では，パソコンのディスプレイに流れる動画を見ながら，実況の練習を行う学習活動が続く。単調な学習とならないために，実況の練習をする際にはペアでの相互評価を重視し，よりよい実況となるために助言し合う時間を意図的に設定した。

また，第２・３時には，ペアでの学習を広げるために，「実況フレーズ・メモ」というワークシートを，グループで作成する時間を設けた。このワークシートは，様々な状況に応じた実況のフレーズを整理しておくものであり，単元末に行う「過去の運動会の実況」をよりよく行うために必要なものである。単元末の「過去の運動会の実況」は，原稿の暗記では対応できない。そこから逆算した学習活動であることを生徒に意識させた。

⑤　「できた」「わかった」の実感，「できたこと」「わかったこと」の振り返り

200字原稿用紙を用いて「今日の時間に身につけたこと」を書き，ノートに貼付している。文章を書いて終わりではなく，グループ内で読み合うことによって学びの確認をしている。

● 単元指導計画（全４時間）

時間	学習活動	指導上の留意点	評価規準(記号)と評価方法［　　］
1	本時の中心となる学習課題：ムカデ競争の冒頭の実況を考えよう！		
	● AL のポイント❶・❷ ○本単元のねらいと学習の流れを示す。 ○スポーツ実況について書かれた文章(注)を読み，ムカデ競争で選手が入場するときの原稿を考える。	・スポーツ実況では，「…が」「…を」などの文の成分が省略されていないことを，英語科の学びと関連させて考える。	ウ①［原稿の内容の分析］
2	本時の中心となる学習課題：今年のムカデ競争の実況をしてみよう！		
	● AL のポイント❷・❹ ○前時に作成した原稿を用いて，今年のムカデ競争の実況をしてみる。 ○使いたいフレーズを「実況フレーズ・メモ」に書き出す。	・第２時～第４時の授業は，パソコン教室で行う。 ・運動会のムカデ競争の演技図を配付しておく。	ウ①［実況の練習の観察］
3	本時の中心となる学習課題：様々な状況を想定し「実況フレーズ・メモ」をつくろう！		
	● AL のポイント❸ ○ペアやグループで相互評価をしながら，様々な状況を想定した実況の練習を繰り返す。 ○「実況フレーズ・メモ」を完成させる。	・活動本位とならないようにするために，ホワイトボードに実況の練習時に意識することを示しておく。	イ①［実況の練習の観察］［ワークシートの内容の分析］
4	本時の中心となる学習課題：過去のムカデ競争の実況をしよう！		
	● AL のポイント❺ ○過去の運動会のムカデ競争の動画をスクリーンに投影し，その動画に合わせて，実況を行う。 ○単元の振り返りを行う。	・評価シートは，運動会に来た保護者などの立場で書くように助言する。	ア①［実況の様子の観察］

● 本時の流れ（2／4時間）

（1）目標

今年のムカデ競争の様子をわかりやすく実況しよう！

（2）評価規準

ムカデ競争の様子をわかりやすく実況するために，話の組み立てやフレーズを考えている。

（3）展開

学習内容・学習活動 （○発問，□指示）	時間	指導上の留意点と評価 （・留意点，※評価）
1．本時の学習課題と学習活動を確認する	5	

本時の学習課題
文の成分を必要以上に省略せずに，今年のムカデ競争の実況をしてみよう！

学習内容・学習活動 （○発問，□指示）	時間	指導上の留意点と評価 （・留意点，※評価）
2．前時と本時の学習をつなぐ。 ● AL のポイント❷ー1 □「本時は，前回作成した選手入場時の原稿を使って，今年の運動会のムカデ競争の動画の実況に挑戦します。前回作成した原稿を準備してください」 ○「聞き手にわかりやすく伝えるために，原稿の作成で工夫したのはどのようなことでしたか」	5	・「…が」，「…を」，「…に」などの文の成分を必要以上に省略しないことを，英語科の学びと関連させて確認する。

実況について書かれた文章を参考に，生徒が前時に作成した「ムカデ競争の冒頭の実況原稿」

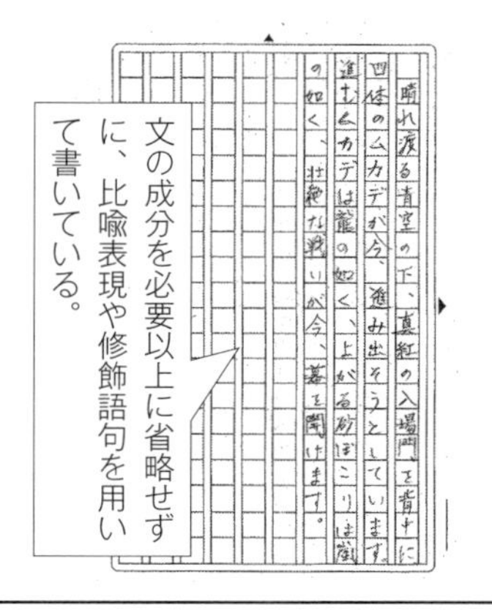
晴れ渡る青空の下、真紅の入場門を背中に
四体のムカデが今、進み出そうとしています。
進むムカデは龍の如く、上がる砂ぼこりは嵐
の如く、壮絶な戦いが今、幕を開けます。

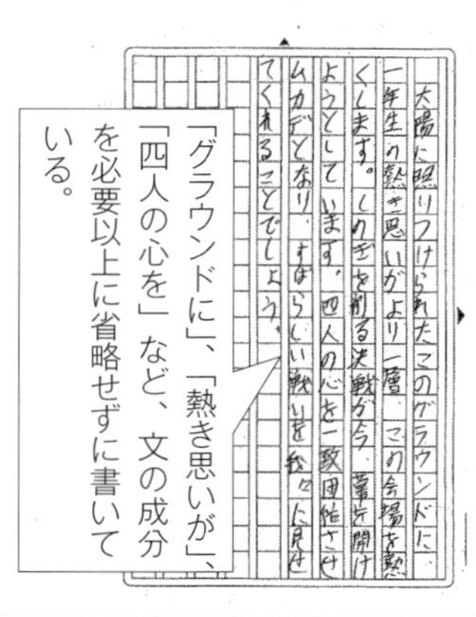
太陽に照りつけられたこのグラウンドに、
一年生の熱き思いがより一層、この会場を熱
くします。しのぎを削る決戦が今、幕を開け
ようとしています。四人の心を一致団結させ、
ムカデとなり、すばらしい戦いを我々に見せ
てくれることでしょう。

第１時（前時）
スポーツ実況の冒頭を参考にして

学習内容・学習活動 （○発問，□指示）	時間	指導上の留意点と評価 （・留意点，※評価）
3．本年度の動画を用いて，ムカデ競争の実況の練習をする。 □「ペアをつくり，相互評価をし合いながら，交代で実況をしてみましょう」	20	・２分ごとに実況と相互評価を繰り返す。

ペアで相互評価しながら実況の練習をする生徒

※ムカデ競争の様子をわかりやすく実況するために，話の組み立てやフレーズを考えている。（イ①）
[実況の練習の観察]

4．「実況フレーズ・メモ」を作成する

15

● AL のポイント❹ー1

○「実際に実況をしてみて『できたところ』と『できなかったところ』には，どのようなものがありますか」

□「競技が始まってからの実況で使うフレーズをいくつか準備しましょう」

・ペアで確認させた後に，数人の生徒を指名して意見を述べさせる。

・冒頭の実況は，原稿があるのでスムースにいくが，競技が始まると上手くいかなかったことを確認させる。

【生徒に配付したワークシート】

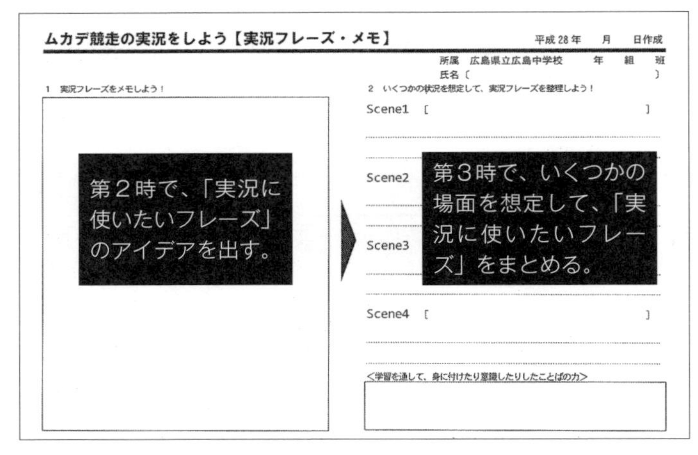

ムカデ競走の実況をしよう【実況フレーズ・メモ】 平成 28 年　月　日作成

所属　広島県立広島中学校　年　組　班
氏名〔　〕

1　実況フレーズをメモしよう！

2　いくつかの状況を想定して，実況フレーズを整理しよう！

Scene1　[　]

Scene2

Scene3

Scene4　[　]

<学習を通して，身に付けたり意識したりしたことばの力>

・グループごとに，「実況に使いたいフレーズ」のアイデアを出し合う。

・第２時と第３時にまたがるワークシートを用いることで，学びに連続性をもたせる。第４時は，「過去の運動会の動画」を用いるため，原稿の暗記では対応できないことを意識づける。

5．本時の学習のまとめを行うとともに，次回の学習の予告を行う。

5

□「200字原稿用紙に『今日の授業で身につけたこと』を書き，グループで交流しましょう」

□「次回は，いくつかのシーンを想定した『実況フレーズ・メモ』を完成させ，発表に向けた準備を行います」

・身につけたり，強化されたりした言語能力を，グループで確認させる。数人の生徒に発表させる。

● AL のポイント

AL のポイント① 英語科の学びを国語科に生かす

本単元は，中学校第１学年の３月に実施をした授業であり，同じ言語教科として英語科との連携を志向したものである。「英語の学習が，国語の学習にどのように役立っていますか」の事前アンケートでは，右上のような回答がみられた。最も多い回答は，「省略された文の成分や語順を意識するようになった」というものであった。

> **英語の学習が，国語の学習にどのように役立っていますか**
>
> ○ 文章を読むとき，主語や述語をより意識するようになった。
>
> ○ 文章を読むときに，省略してある部分をもとに戻すとどうなるのかを気にかけるようになった。
>
> ○ 「どこで」「誰が」「何を」ということを意識して文を読むようになった。

本単元では，第１時に，実際のスポーツ実況では，文の成分が必要以上に省略されていないことを確認する際に，英語科での学びを意識させた。また，「ムカデ競争の冒頭の実況原稿」（第１時），「実況フレーズ・メモ」（第２・３時）を作成する際にも，同様の確認を行った。

AL のポイント② それぞれの学習活動では，単元のゴールとのつながりを意識させる

意見の交流を活性化させるには，生徒に「意見の交流が，課題解決に向けて意味のある活動である」と意識させることが重要である。

本単元では，単元末に「過去の運動会のムカデ競争を実況する」という原稿の丸暗記では対応できない活動を設定した。そのゴールに向けて，生徒は，今年の運動会のムカデ競争の動画で実況の練習を行い，「実況フレーズ・メモ」のワークシートに，様々な状況を想定したフレーズを整理している。それぞれの学習活動における意見の交流は，単元末の課題解決をよりよく行うためのものである。指導において大切なのは，意見の交流によって，よりよく課題解決が行えた学習の履歴をつくることである。

生徒が作成したワークシート

ムカデ競走の実況をしよう【実況フレーズ・メモ】　平成28年 3 月 3 日作成

所属 広島県立広島中学校 1 年 1 組 班
氏名〔 〕

1 実況フレーズをメモしよう！

- これはムカデというよりアメンボのようだ
- スケートリンクをすべっているようにスタートしました。
- 水の上を泳いでいるようです。
- どちらの応援団も一生けん命旗をふっています。さて，どちらの応援が届くのでしょうか
- どのムカデに勝利の女神が微笑むのでしょうか

2 いくつかの状況を想定して，実況フレーズを整理しよう！

Scene1 〔 スタートするとき 〕
くもり空のもと，4匹のムカデがスタートしようとしています。勝利の女神がほほえむのは，はたしてどの組でしょうか

Scene2 〔 並んで接戦になっているとき 〕
両者一歩もゆずりません。どちらが前に出られるのでしょうか。注目所です。

Scene3 〔 おくれているチームがあるとき 〕
やや○組がおくれています。しかし，まだチャンスはあります。最後まで一生けん命がんばってください。

Scene4 〔 4位がゴールしたとき 〕
今，最後のムカデが帰ってきました。何位であってもみんなとてもいい笑顔です。グラウンドにもムカデの足跡がくっきりと残っています

<学習を通して，身に付けたり意識したりしたことばの力>
主語や述語を今までより意識して話したり，文にしたりする力がついた。
接続語に気をつけて話すようになった。

Hiroshima Junior High School

● 評価の工夫

【リスニング問題例】

【放送する内容】

これから放送を聞いて答える問題を始めます。

中学生の川内さんは，放送部に所属しています。放送部では，文化祭で学校の様子を紹介するＶＴＲを製作しています。

次は，川内さんが，「突撃！　給食の時間」という企画で，１年生の教室の取材をしたときのやりとりの一部です。これを聞いてあとの問題に答えなさい。問題は，３問出します。メモを取りながら聞いても構いません。それでは始めます。

【問題用紙に給食の写真とメニュー，川内さんのメモは載せておく】

【川内さんが取材した日の給食】

□春を感じる献立□
たけのこご飯
牛乳
鰆の西京焼き
かぼちゃの煮物
ふきの青煮
すまし汁
桜餅

【川内さんのメモ】

・昔から「春の味覚」として親しまれてきた野菜
・ほんのり苦みがある
→しっかりアクを抜く
→食べやすくなる
・青煮（野菜の色を損なわずに仕上げた煮物のこと）

川内　今日は，１年３組の給食の取材に来ています。今日は，「春を感じる献立」ということです。入学して１か月の１年生は，中学校生活にだいぶ慣れたころではないでしょうか。今日の給食は，１年生が，どんな表情で給食を食べているのか，楽しみですね。

川内　（教室のドアを開けて）こんにちは。
生徒　こんにちは。
川内　今日は，みなさんの給食の風景を取材に来ました。私は，放送部の川内と言います。よろしくお願いします。
生徒　お願いします。
川内　木下さん，こんにちは。今日の給食は，「春を感じる献立」ということですが，木下さんは，今日のメニューのどこに春を感じますか。
木下　「桜餅」です。桜をイメージします。

川内　なるほど。木下さんは，ピンク色の桜餅に春を感じるんですね。山本さんは，どうですか。
山本　私は，たけのこご飯です。祖母の家の裏山でとったことを思い出します。
川内　すごい。山本さんは，たけのこ狩りをしたことがあるんですね。
　　今日の給食は，「春を感じる献立」です。私から「ふき」の説明をしたいと思います。

それでは，問題に移ります。
問題１　山本さんが，春を感じるものとしてあげたメニューは何ですか。適切なものを献立の中から選んで書きなさい。

問題２　放送部の川内さんが，１年生の生徒との受け答えで工夫していたこととして，最も適切なものを，次のアからエまでの中から１つ選びなさい。
ア　１年生の発言を，適切な言葉を補いながら繰り返してわかりやすくしている。
イ　担任の先生にインタビューした内容を紹介しながら，１年生に質問している。
ウ　複数の１年生に質問した内容を比較して，共通点を整理してまとめている。
エ　給食のメニューを具体的に指定しながら，１年生にコメントを求めている。

問題３　この後，川内さんは，１年生に春の味覚と言われる「ふき」の説明をします。問題用紙に示されているのは，川内さんが説明のために作成した【メモ】です。
　あなたが川内さんなら，どのような説明をしますか。次の条件①・②にしたがって書きなさい。
条件①　【メモ】の内容をすべて使い，適切な文の成分を補いながら説明すること。
条件②　３文で書くこと。

これで，放送を聞いて答える問題を終わります。

【正答例】
問題１　たけのこご飯
問題２　ア
問題３　「ふき」は，昔から「春の味覚」として日本人に親しまれてきた野菜です。ほんのり苦みがある野菜ですが，しっかりアクを抜いて調理がされているので，食べやすくなっていると思います。なお，青煮とは，野菜の色を損なわずに仕上げた煮物のことです。
（下線部が補われていることに注意）
（積山昌典）

（注）第１時の授業では，『あの実況がすごかった』（伊藤滋之著，メディアファクトリー，2011年）の「第３章　冒頭30秒の名文句」の一節を使用した。

書くこと　　全４時間

２　ＱＡや図表を取り入れた説明文を書こう

―段落の役割を考えて文章を構成する―

教材名：「ダイコンは大きな根？」（光村図書），「ちょっと立ち止まって」（光村図書）

● 単元のねらいと概要

自分の好きなことについて，学級の友達に説明する文章を書く学習である。読み手にその魅力を理解してもらうためには，展開の要所で問題提起を行ったり，文章を補助するための図や表，写真を用いたりすることが効果的である。単に「～から好きです。」「～は…というものです。」と書くだけでなく，その魅力が相手に伝わるよう様々な観点から説明を行うことに重点を置いている。また，図や表と対応させた言葉の使い方について知り，それに基づいて書くことで，プレゼンテーション等，社会生活を意識したアクティブな活動になるようにする。

● 指導事項と言語活動例

〈中心となる指導事項〉

イ　集めた材料を分類するなどして整理するとともに，段落の役割を考えて文章を構成すること。

〈言語活動例〉

イ　図表などを用いた説明や記録の文章を書くこと。

評価規準

ア　国語への関心・意欲・態度	イ　話す・聞く能力	ウ　言語についての知識・理解・技能
①教材文から学んだことを自分の文章にすすんで取り入れようとしている。	①読み手を意識した観点を設定し，集めた情報を整理している。（イ） ②段落の役割を考えて，ＱＡの設定や図表の配置を行い，文章を構成している。（イ）	①指示語や接続詞などの働きを考えて用いている。（イ（エ））

● ALの視点での授業改善のポイント

①　生徒が興味をもつ教材・題材と魅力的な導入（日常生活・社会生活との関連）

国語科だけでなく他教科においても，生徒が報告会や発表会などでプレゼンテーションを行うことは多い。これは，社会生活においても同じといえる。現代のメディア社会では，メールの添付などを始め，図表や写真，動画の存在を前提とした上で文章を書く機会も多くなった。そこで，自己紹介をする機会の多い中学１年生にとって，「自分の好きなこと」について具体的な図や写真等を用いながら，スピーチをしたり文章を書いたりすることはやりがいのある学習活動だといえる。「どうすれば聞き手に対象の魅力をわかってもらえるか」という目的に沿って，文章の書き出しをどのようにしようか，図や写真をどこに位置づけようかと工夫の余地が多いからである。また，導入では文章の例として「ちょっと立ち止まって（光村図書）」を取り上げ，作品中の図を除いてその効果を考えさせたり，指示語や接続詞の特徴に気づかせたりして，書くことの学習につなげた。

②　課題解決的な学習，既習事項を活用する学習

生徒は小学校のときから事物の良さを多くの人に伝えるための文章を書く学習をしている。その際に事実と感想，意見などとを区別するとともに，目的や意図に応じて簡単に書いたり詳しく書いたりすること，文章を引用したり図表やグラフなどを用いたりして，自分の考えが伝わるように書くことを経験している。これらの学習を通して構成に関する基本的な知識は身につけている。今回は，次のねらいをもって授業を構想した。

〈考えさせたいこと〉好きなことの魅力が読み手に伝わるように，問題提起（Q）や図表の用い方等を工夫して書くこと。

〈使わせたい既習事項〉文章構成に関する知識。

③　学習の見通し，本時の目標の明示

学習の見通しについては，単元の学習計画を一覧できるように印刷して配布した。また，本時の目標は毎回ノートに記述させ，それが今後の学習にどのように生かされるかについて毎時間の授業開始時の２分程度を使って説明した。

④　自分の考えを発表・交流する機会

第３時で，観点で整理した情報を段落に応じて配置しながら構成を考え，その後内容と構成が読み手に魅力が伝わるよう工夫されているかを少人数（４人）で吟味する時間を設けた。その際，文章の内容と配置，さらには使用する図表や写真等が対応しているかということに留意させたい。文章化する前のメモの段階で交流を行うことが大切である。

⑤　「できた」「わかった」の実感，「できたこと」「わかったこと」の振り返り

単元の振り返りでは，これまでの目標と成果物とを関連させながら，「何ができたか」または「できなかった」か，さらに「今回身についたのはどのような力で，今後の生活のどのような場面で生かされると思うか」という点について具体的に振り返らせるようにした。

● 単元指導計画（全４時間）

時間	学習活動	指導上の留意点	評価規準（記号）と評価方法［　］
1	● AL のポイント❶・❸ ○学習のねらいや進め方をつかむ。	・「好きなこと」を説明するという言語活動を示し，学習の見通しをもたせる。	ア①［観察］
	「ちょっと立ち止まって」を読み，説明の仕方の工夫について考える。		
	○筆者が図と絵をそれぞれどのように定義づけているか考える。 ○文章中の３つの図を除き，読み返す。	・文章の書き手の意図が反映されたものを図としていることに気づかせる。 ・指示語や接続語の効果に気づかせる。	
2	観点を設定し，情報を整理する。		
	○「自分の好きなこと」の魅力を伝えるために観点を設定する。 ○設定した観点で情報を集めながら分類する。	・読み手を意識し，どの程度の知識があるか，どの点に興味をもってもらえるかなどに留意させる。 ・既有の情報を観点で分類するとともに，不足している情報を集めるよう指示する。	イ①［ワークシート］
3	観点で分類した情報を用いて文章を構成する。		
	● AL のポイント❷ ○二種類の教材を分析し，主張（A）と問題提起（Q）との関連性を考える。 ○整理した情報を段落の役割に応じて配置し，構成メモを作る。 ● AL のポイント❹ ○４人グループで構成メモを交流し，意見を述べ合う。	・筆者が問いかけていることはなにか，そしてそれはなぜかという点に留意させる。 ・段落の役割について，小学校での既習内容を想起させるようにする。	イ②［ワークシート］

	○構成メモを再確認した後，説明文を書く。		
4	完成した説明文を互いに読み合う。		
	○説明文を読み合い，目標の達成度を互いに評価し合う。 ● AL のポイント❺ ○単元の振り返りを行う。	・説明文を４人グループで読み合う。 ・できたこと，できなかったことを具体的に振り返らせるとともに，学びの汎用性についても考えさせる。	ウ①［ワークシート］

● 本時の流れ（３／４時間）

（1）目標

「好きなことの魅力」を伝えるために，導入や問題提起を工夫しよう。

（2）評価規準

段落の役割を考えて，ＱＡの設定や図表，写真の配置を効果的に行っている。

（3）展開

学習内容・学習活動 （○発問，□指示）	時間	指導上の留意点と評価 （・留意点，※評価）
1．本時の学習課題を確認する。 「Ｑ」「Ａ」や図表を効果的に用いて，自分の好きなことの魅力が伝わるように構成しよう。	5	・段落の役割を考えながら，ＱＡと図表を用いる箇所を考えさせる。
2．「ダイコンは大きな根？」と「ちょっと立ち止まって」の問題提起の設定について考える。 ● AL のポイント❷ ○「それぞれの文章の問題提起を比較しながら，共通点や相違点を考えましょう」	10	＊説明的な文章を読む学習で得た知識を確認し，自分の文章を書く学習につなげる。 ・問題提起の利点について考えさせる。例えば，読者を文章中に引き込む，一体感を生む，共感を生む，読解の視点を示せるといったことを確認させる。

		・問題提起はどこで用いるか（配置）また，何のために用いるのか（目的）を明確にすると効果的になることに気づかせる。
3．前時に観点整理した情報を用いて，構成メモを作成する。 □問題提起と図の効果を考えながら，序論 - 本論 - 結論に配置するよう指示を行う。	10	・図表を用いることを前提とした文章であることに留意させる。 ・説明文は600～800字程度であることから，問題提起の数（１～２）を考慮させる。
4．各自が作成した構成メモについて，目標と照らし合わせながら自分の好きなことの魅力が伝えられているか４人グループで確認し合う。 ● **AL のポイント❹** □次の点について，特に確認するように指示を行う。 ①問題提起と図・表，写真は機能的に配置されているか。 ②観点整理した情報の序論・本論・結論における位置づけは適切かについて特に確認するよう指示を行う。	15	＊グループで互いの文章を読むことで，自分の意図が伝わるかどうか確認できる。 ・伝えたい魅力は何で，問題提起がそれを伝えるためのすべとなっているかについて確認させる。 ・図表が内容を支える補助的な役割を果たしているか，全体的にまとまりのある構成になるか等について互いに確認させる。
5．４人グループでの意見交換を参考にしながら，構成メモの内容を再確認する。 □他者の意見を参考にしながら，文章構成を再確認させるよう指示を行う。	5	・読み手の立場で，客観的に構成を確認させる。
6．教師が確認した後，文章化を始める。 □段落の役割に応じて指示語・接続語，段落と段落とをつなぐ文を適切に用いるよう促す。	5	※段落の役割を考えてＱＡの設定や図表の配置を行い，文章を構成している。（イ②）

ALのポイント

ALのポイント①　能動的な学習を促す発問・課題の設定

単元の冒頭で「ダイコンは大きな根？」の文章をもとに，「筆者はなぜダイコンを取り上げたのか」という発問を行った。生徒は筆者の意図を捉えるために，文章全体をよく読み返し「身近なのに知らない面を持っていて読者が興味をもつから」「カイワレ大根との比較ができるから」という答えを導いた。また続けて，「筆者は問題提起で何を書き，またなぜそれを書いたのか」という発問に対して生徒たちは，問題提起に書かれていることと，主張に書かれていることとを関連づけて解釈し，「植物も人間と同じで命があると伝えたいのだ」と結論づけた。そして，説明的文章を苦手とする生徒から「筆者の意図を捉えながら読むというやり方はおもしろい」という発言を得ることができた。ＡＬの視点から，学習者が能動的に教材と関わり，考えることができる発問や課題の設定が大切であると考える。

ALのポイント②　引用する資料は必要に応じて自分の意図したものを作る

「自分の好きなことの魅力」を伝える説明文を書く上で，「ＱＡで構成する」ことと「読者の理解を促す図表や写真を添付すること」という２つの条件を提示した。

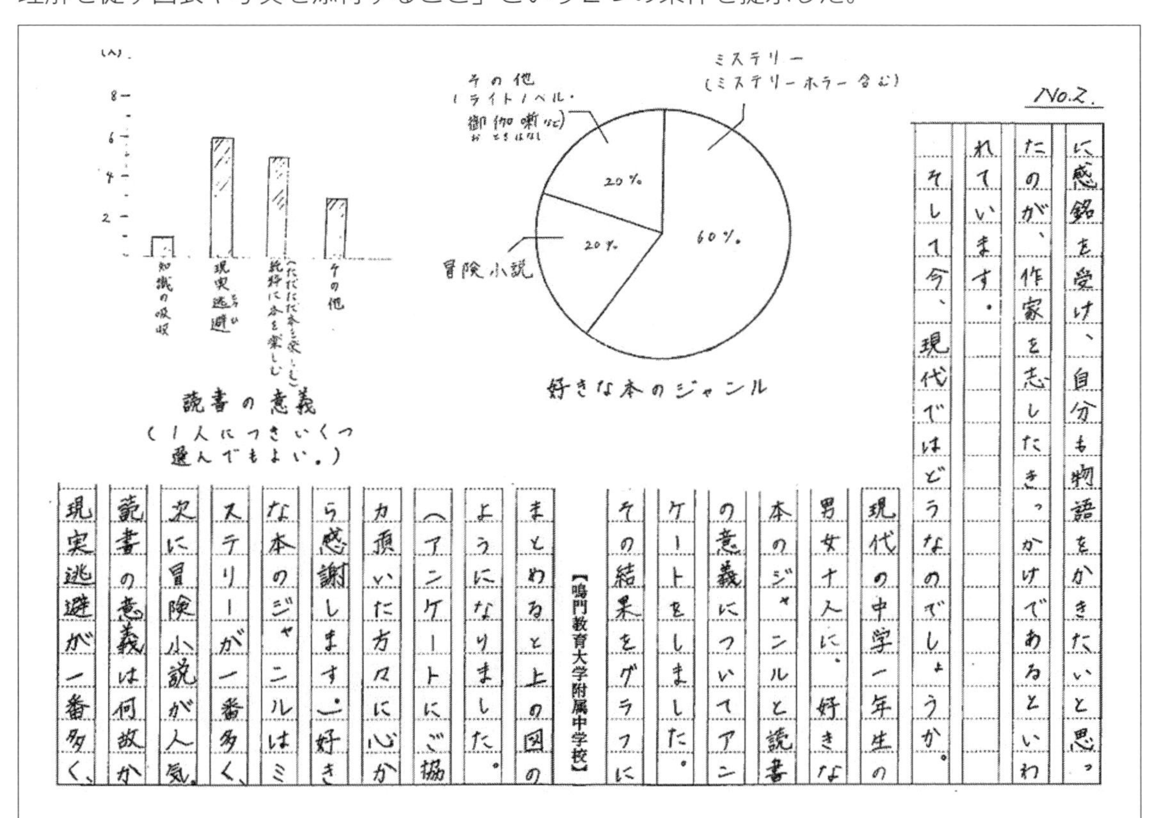

【鳴門教育大学附属中学校】

まず，図表や写真の効果を考え「文章の補助となっている図表や写真は，筆者が意図に応じて編集したもので主張を裏付けることができ，特に写真は臨場感を伝えられる点でも有効である」と結論づけた。そして，ほとんどの生徒がインターネットで図表や写真を検索し引用しようと試みたが，欲しい資料が見つからない場合が多かった。そこで，学級内で簡単なアンケートや聞き取りを行って図表にまとめたり，伝えたい状況を自分で写真におさめたりすることで自分の意図する資料が作れると助言した。ある生徒は「読書」に関していくつかインタビュー項目を挙げ，10人ほどではあるが聞き取りを行い結果をグラフ化した。自作の資料であるため，文章との結びつきが深く全体的に説得力がある文章となっている。ＡＬの視点から，引用する資料が文章と対応した効果的なものかを考えさせ，必要に応じて簡単なものは自作させることも大切である。

AL のポイント④　作品完成前に目標と照らし合わせるための交流

本単元においては，説明文を書くことにあたり「①観点を設定し，情報を集め分類する」，「②分類した情報を序論-本論-結論に位置づける」，「③文章化する」という段階を経た。特に重点化したのは②である。文章を書く前に問題提起は何で主張とどのように関連しているか，図表や写真は適切な物を用いているかという２点を交流を通じて分析し，その後教師が確認した。メモの段階で要点を明確にすることでその後の文章化が円滑に行われ，説得力のあるものとなった。AL の視点から，作品完成前に交流活動を設定し，目標と照らし合わせることは有効である。

● 評価の工夫

【問題例】

山田さんは，国語の時間に読んだ教材「ダイコンは大きな根？」の学びを生かして，家族のために料理を作り，家庭科の時間に報告することになりました。次の資料は報告会で使用するものです。

切り方にひと工夫！「タマネギ」調理法！！

1年5組40番　山田花子

〔　A　〕

タマネギは身近で使いやすい食材といえる。そのためタマネギを用いた料理も多い。独特の食感が好きだという人もいるが，我が家の祖母のようにかたいものを苦手とする人も多いはずだ。そこで今回，食べる人に応じたタマネギの調理法を提案したいと思ったので，ハンバーグを作ることにした。

〔材料〕　・タマネギ　・とりひき肉　・パン粉　・塩
　　　　　・こしょう　・とうふ　　　・たまご

〔タマネギの切り方〕

●縦に切る場合…せんいに沿って切るため，しゃきっとした歯ごたえが残る。

●横に切る場合…せんいを切断するのでやわらかい食感が楽しめ，タマネギの甘みや味がよく出る。

（1）［　A　］にはどのような項目（観点）名を入れるのが適切ですか。二字の熟語で答えなさい。

（2）　山田さんはこの資料にⅠ日本におけるタマネギの年間使用量のグラフ，Ⅱタマネギを縦・横それぞれ切っている写真のいずれかを載せようと思っています。あなたが山田さんの立場ならどちらを選択しますか。選んだ記号をAかBで書き，その資料を載せる理由を資料の記述と関連させて，40字以上70字以内で答えなさい。

【正答例と採点基準】

（1）理由，目的など。

※「～ので」の表現を踏まえて，二字の熟語で答えているもの。

（2）Ⅰ…「タマネギは身近で使いやすい」「タマネギを用いた料理も多い」という記述には，客観性がないので根拠となるデータ（情報）が必要だから。

Ⅱ…「せんいに沿って切る」，「せんいを切断する」という記述では，切る方向がわかりにくいので視覚的な補助が必要だから。

※資料の記述を引用しつつ，その関連性を分析しながら解釈し，課題点を見出しているもの（その上，資料の効果にまで言及しているものはさらによい）。

（小阪昌子）

読むこと　　全6時間

3 「客（僕）」からの手紙を書こう

―文章の構成や展開，表現の特徴に着目し，作品を読み深める―

教材名：少年の日の思い出（光村図書）

● 単元のねらいと概要

『少年の日の思い出』は，「主人（私）」によって語られる，「主人」と「客」が「子どもや幼い日の思い出について話し合う」前段と「客（僕）」によって語られる，「客（僕）」の幼年時代の思い出を回想する後段の二部構成となっていて，作品は前段へ再び戻ることはない。しかし，前段の最後の一文，「友人は，その間に次のように語った」に着目すると，『少年の日の思い出』という作品は，「主人（私）」が，「客（僕）」が語った幼年時代の思い出を語り直している構成になっていることがわかる。本単元では，そのような作品の構成に着目し，「主人（私）」が語り直した意図，さらには「客（僕）」が，「主人（私）」によって語り直された文章を読んだとしたら，どのようなことに気づくのかということを考えさせたい。それを具体化するために『「客」（僕）からの手紙を書く』という言語活動を設定した。

● 指導事項と言語活動例

〈中心となる指導事項〉

エ　文章の構成や展開，表現の特徴について，自分の考えをもつこと。

〈言語活動例〉

ア　詩歌や物語などを読み，内容や表現の仕方について感想を交流すること（第２学年ア）。

評価規準

ア　国語への関心・意欲・態度	イ　話す・聞く能力	ウ　言語についての知識・理解・技能
①学習課題を解決するために作品を読もうとしている。 ②交流を通して自分の考えを深めようとしている。	①文章の構成や展開，表現の特徴について自分の考えをもち，応答の手紙を書いている。（エ） ②場面の展開や登場人物の描写に注意して読み，内容の理解に役立てている。（ウ）	①語句の辞書的な意味と文脈上の意味との関係に注意して読んでいる。（イ（イ））

● ALの視点での授業改善のポイント

① 生徒が興味をもつ教材・題材と魅力的な導入（日常生活・社会生活との関連）

生徒が学習に興味をもち，また主体的に作品を読んでいくようにするために，初読の感想をもとに課題設定を行う。本校では，初読の感想を書くときに，「共感・疑問・批判，気づき（構成や表現の特徴）」の観点を意識させて書かせている。交流するときには，指導者が事前に，生徒全員の初読の感想をプリントにし，全体での交流から学習課題を設定している。

② 課題解決的な学習，既習事項を活用する学習

『少年の日の思い出』は，「僕」によって語られる少年時代の回想（後段）が話の中心であり，「僕」の語りに寄り添って作品を読むため，「エーミール」を批判的に捉えた表面的な読みにとどまってしまいがちである。そこで，本単元では，「客（僕）」からの手紙を書くという言語活動を設定し，生徒の読みを深めさせることにした。手紙を書くためには，第３・４時までに学習した解釈を関連づけて考えていく必要がある。本単元では，次のねらいをもって授業を構想した。

〈考えさせたいこと〉

「主人（私）」が語り直した意図は何か，語り直された文章から「客（僕）」が何に気づくか。

〈使わせたい既習事項〉

場面の展開，登場人物などの描写，語句の文脈上の意味などに注意して読むこと。

③ 学習の見通し，本時の目標の明示

生徒に学習の見通しをもたせるために，単元の学習課題を設定する際，解決すべき課題を全体で確認している。本時の目標は毎時間，授業の冒頭に板書して全体で確認するようにしている。また，毎時間，授業の終末で，本時の目標が実現できたかを振り返らせ，本時の学習の気づきや次時への課題を記述するようにしている。

④ 自分の考えを発表・交流する機会

単元の中に，少人数で交流する機会を必ず設定しているが，交流をより有効にするために，交流の前に自分の考えをまとめる時間を必ず設定し，自分の考えや他者に聞いてみたい疑問などをもって交流に臨ませるようにしている。交流する際は，考えをただ発表する，ただ聞くだけでなく，根拠（どの表現からそう考えたのか）や理由（なぜ，そう考えたのか）を意識させることで，自他の考えの違いなどから新たな気づきが生まれ，交流活動が活発になる。また，交流する目的に応じて，どのような交流の方法をとるのかを指導者が意識して取り入れていきたい。

⑤ 「できた」「わかった」の実感，「できたこと」「わかったこと」の振り返り

毎時間の学習を振り返って，新たな発見（きっかけも含めて），新たな課題などを記述させるようにしている。

単元の振り返りでは，「１枚ポートフォリオ」を用い，初読の感想と比較し，自分の思考の過程を捉え，学習したことや次の学習で生かしたいことを記述させるようにした。

● 単元指導計画（全６時間）

時間	学習活動	指導上の留意点	評価規準(記号)と評価方法［　］
1	本文を通読し，観点に沿って初読の感想を書く。		
	●ALのポイント❶ ・教師の範読を聞き，作品のあらすじを捉え，初読の感想を書く。	・初読の感想を書く際の観点を説明する。	ア①［初読の感想］
2	初読の感想を全体で交流し，学習課題を設定する。		
	●ALのポイント❶・❸・❹ ・初読の感想集をもとに，グループで交流し，全体で解決したい課題を決定する。	・教師がコーディネート役になり，疑問を整理する。	ア①［交流の様子］
3	２人のちょうの収集に対する考えの違いを捉える。		
	●ALのポイント❹ ・２人のちょうの収集に関する描写を基に，グループでベン図にまとめる。	・「宝・宝石」の表記の違い，値踏みなどに着目させる。	イ②・ウ①［１枚ポートフォリオへの記述］
4	「僕」の最後の行動の意味を考える。		
	●ALのポイント❹ ・「僕」の最後の行動の意味について，ワールド・カフェ形式で交流をする。	・前時の学習内容や登場人物の描写などに着目させる。	イ②・ウ①［１枚ポートフォリオへの記述］
5	「主人（私）」が語り直した意図について考える。		
	●ALのポイント❷・❹ ・「私」が語り直した意図について，ワールド・カフェ形式で交流する。	・前時までの学習内容や前段の「客（僕）」の言動などに着目させる。	ア②［交流の様子］ イ①［１枚ポートフォリオへの記述］
6	前時までの学習を踏まえ，「客（僕）」から応答の手紙を書く。		
	●ALのポイント❷・❺ ・これまでの学習を振り返り，「客（僕）」からの手紙を書き，交流する。 ・単元の学習を振り返る。	・これまでの学習を踏まえ，具体的に記述させる。	ア②［１枚ポートフォリオへの記述］ イ①［手紙への記述］

● 本時の流れ（5／6時間）

（1）目標

ワールド・カフェ形式の交流を通して，「主人（私）」が語り直した意図について，自分の考えをもち，まとめることができる。

（2）評価規準

・交流を通して，自他の考えを生かしながら，自分の考えを深めようとしている。
・「主人（私）」が語り直した意図について，自分の考えをまとめている。

（3）展開

学習内容・学習活動 （○発問，□指示）	時間	指導上の留意点と評価 （・留意点，※評価）
1．これまでの学習を振り返り，本時の目標・学習課題を確認する。 「主人（私）」が語り直した意図について考える。 ● AL のポイント❸	3	・本時の学習課題を板書し，学習の見通しをもたせる。 ・この作品の「語り」の構造が「主人（私）」によって語り直されていることを確認する。
2．テーマについて，ワールド・カフェ形式の交流を行い，自分の考えを深める。 ● AL のポイント❷・❹ ○テーマ：「なぜ，主人（私）」は文章にまとめたのか。 ・テーマについて，自分の考えをまとめる。 □「テーマについて，自分の考えをまとめよう。自分の考えの根拠（具体的な表現など）も挙げるようにしよう」 ・第１R □「それでは，第１R を始めます。カフェ・ホストの人から時計回りに，まずは自分の考えを仲間に伝えましょう」	30	※ア① ［交流の様子・１枚ポートフォリオへの記述］ ・ワールド・カフェ形式の交流のルール（カフェ・エチケット）の確認をする。 カフェ・エチケット ・全３R（ラウンド）を行う。（１Rは８分） ・ラウンドの終了は教師が手を挙げて指示する。気づいたら，グループの話合いをやめる。 ・自他の考えをつなげたり，広げたりすることを意識する。 ・他者の意見を否定したり，話を中断させたりしない。 ・メモを取る模造紙を配布し，メモをとる場合は，模造紙を使い，キーワードで書き，記号や線でつなげる（書くことのみに集中しない）。 ・カフェ・ホスト（グループの司会者）は全員が発言できるように意識する。 ・旅人（２R目に他のグループに行って交流する人）は他のグループの考えをたくさん持ち帰ることができるようにする。 ・３Rの残り３分は自分たちの話合いをまとめ，終了後に１分間プレゼンを行い，全体で共有する。

・カフェ・ホストはグループに残り，他の3人は旅人となって他のグループに移動する。		・旅人は机上の模造紙のキーワードを見ながら，考えを聞いてみたいグループに行くようにさせる。 ・同じグループの旅人は，多くの考えを持ち帰ることができるように，重ならないようにグループに移動させる。
・第2R □「それでは，第2Rを始めます。カフェ・ホストの人から時計回りに，自分たちのグループの話合いの様子を他のグループの人に伝えましょう」 ・第3R □「それでは，第3Rを始めます。カフェ・ホストの人から時計回りに，第2Rの話合いの様子を仲間に伝えましょう」		・残り3分になったら，手を挙げ，グループのまとめに入るように促す。 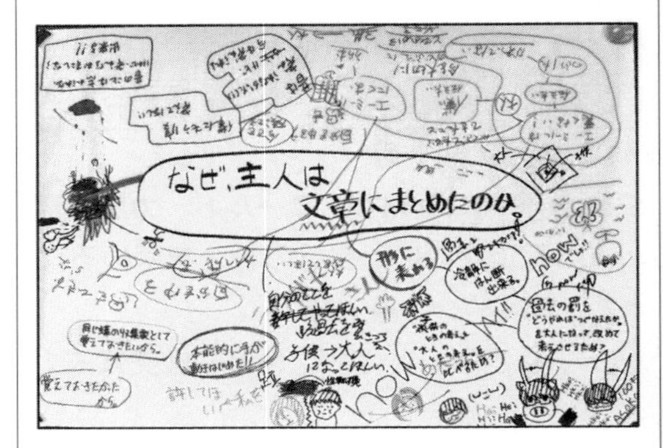 ↑交流後のグループの模造紙には，生徒の気づきや考えをつなげた思考の過程が見られた。
3．グループの意見を1分間プレゼンで発表し，共有する。	12	・グループの考えを簡潔に示し，そのように考えた根拠を挙げる。 ・気になった発表内容についてはメモをとるように伝える。
4．本時の学習をポートフォリオにまとめ，次時に「客（僕）」からの応答の手紙を書くことを確認し，学習の見通しをもつ。 ● ALのポイント❸・❺	5	※イ①［1枚ポートフォリオへの記述］

● AL のポイント

AL のポイント① 生徒の気づき（初読の感想）から学習課題を設定

初読の感想を全体で共有することで，教室の中に様々な読みがあることがわかる。自分と同じ感想をもつ仲間，同じ部分について書いているが，受け取り方は違っている仲間，また自分には全くなかった視点から気づいている仲間がいることを知るなど，生徒には多くの発見がある。実際に自分との違いを感じる生徒はグループ学習でも積極的に話そうとする姿が見られた。交流を終えた生徒の記述（右）にあるように，他者の考えを知り，刺激され，新たな疑問が生まれている。

「私は最初，ちょうをつぶしたのはエーミールに対する償いだと考えていましたが，『友だちの大切なものをつぶしてしまって，自分のものをつぶすことで償えるとは思えないが，共感はできる。でも，自分のものをつぶしても何も得られないと思う』という感想から，ちょうをつぶしたことは何だったのかと思いました」

AL のポイント② 単元を通した課題解決的な学習

「客（僕）」からの手紙を書くという課題を解決する過程で，生徒は，第３・４時で学習した解釈を関連づけ，読みを深めていった。それぞれのポートフォリオに記述されているキーワードを見ると，前時での学習したことのつながりが見える。

【第３時のポートフォリオ】

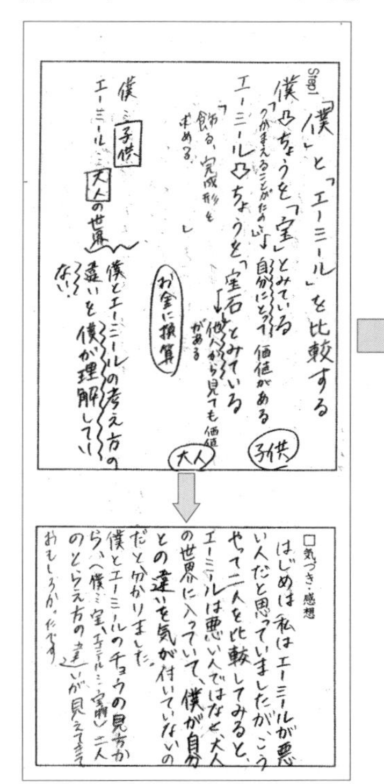

【第４時のポートフォリオ】

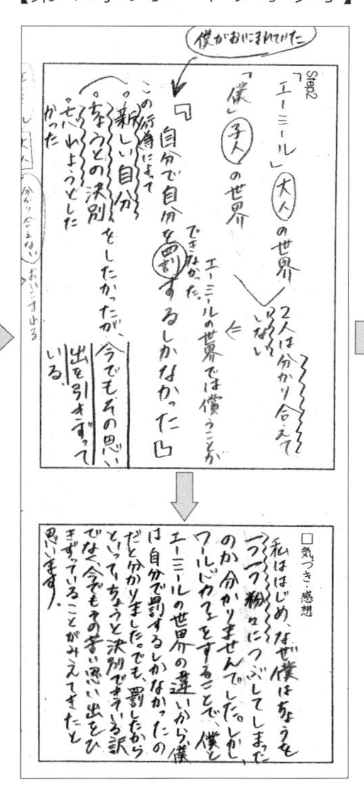

【第５時のポートフォリオ】

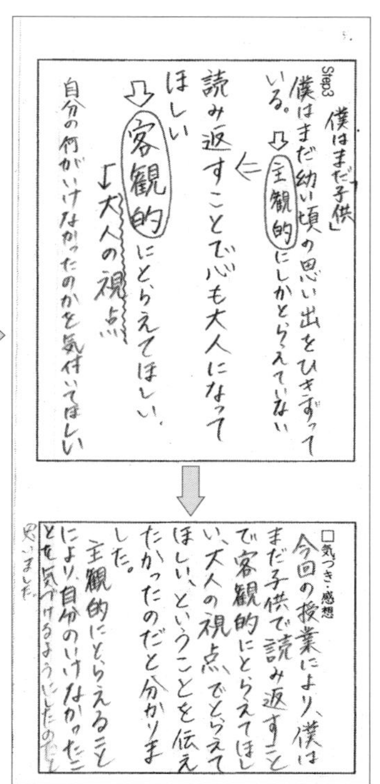

ALのポイント④　目的に合った交流活動

本単元では，ワールド・カフェ形式の交流活動を用いた。ワールド・カフェ形式の交流はリラックスした雰囲気の中，メンバーの組み合わせを変えながら，小グループで話合いを続ける交流である。今回は生徒の考え・解釈を関連づけ，拡散的な思考をさせたいと考えたので，用いた。交流後のグループの模造紙にはそれぞれの思考を関連づけたあとが見られた。

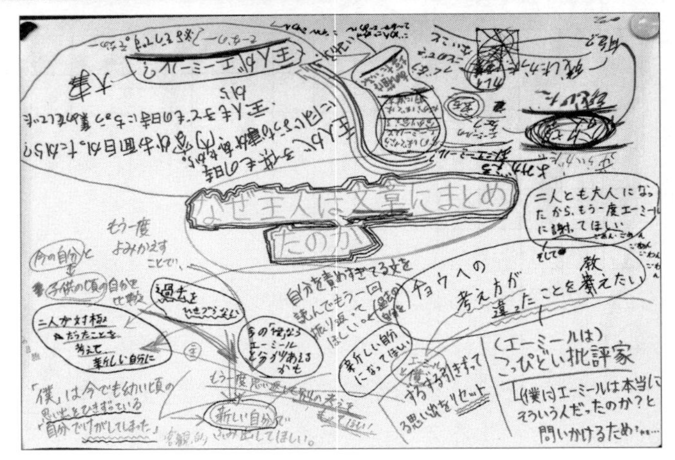

● 評価の工夫

本単元では，「読む能力」の評価規準として，「文章の構成や展開，表現の特徴について自分の考えをもち，応答の手紙を書いている」を設定している。生徒の思考・判断した過程や結果は「手紙」という成果物に表れているので，次の観点にしたがって，パフォーマンス評価を行う。

【評価の観点】

○「主人（私）」が語り直した意図を踏まえて，それに応答する形で書かれているか

○「客（僕）」がどのようなことに気づいているか，具体的に書かれているか

右の例では，「主人（私）」の気づいてほしいという意図を踏まえ，「客（僕）」が自分の行為やエーミールを客観的に捉え直している記述が見られるので，十分に達成していると判断した。

君の書いた文章を読んで、僕があのときしてしまった行為がいけなかったことを気付くことができたよ。いくらクジャクヤママユが欲しくても盗むことなんて絶対してはいけなかったのに、盗むなんて最低なのに、僕はそれをしてしまっていたんだね。僕が子供だったんだね。あの時、エーミールがいる時に素直に見せてもらえばよかったのに。エーミールは悪いやつではなかった。エーミールは正しい事を言っていたのに僕が気付けていなかったんだ。もっと大人になっていれば良かったのに……
今度、エーミールに会ったら「盗みをして悪かった。」と謝ろうと思うよ。
謝ることで、自分も大人になれる気がするよ。もう、過去を引きずらないでいれるんだね。
自分のいけなかった事を気付かせてくれてありがとう。今後、一緒にちょうの採集へ行こうね。

定期テストなどは，解釈や知識を問う問題ばかりになってしまう経験がある。そのような場合，実際の学習の場面を想定する，単元の中心となる指導事項を意識するなど，テストを工夫して作成し，生徒にどのような力がついたのか，適切に評価していきたい。

【問題例】

Aさん，Bさん，Cさん，Dさんは「少年の日の思い出」を読んで，「主人（私）」が語り直した意図について話し合っています。その話合いの様子と後の文章を読んで問いに答えなさい。

A「『主人（私）』は，少年時代の思い出を引きずっている『客（僕）』に新しい自分になってほしいんじゃないのかなぁ」
B「えっ，『客（僕）』はまだ少年時代の思い出を引きずっているの？」
C「そうだよ，『主人（私）』と『客（僕）』が少年時代の思い出を話す場面の，『客（僕）』の「思い出をけがしてしまった」とか「話すのも恥ずかしい」という言葉があるもんね。
B「なるほど，『客（僕）』についての描写をみると，（　　　1　　　）という表現があるよ。ということは，『主人（私）』も『客（僕）』に何かあったんじゃないかと感じているかもしれないな」
D「そうね。人物の描写に着目するのも大切よね。私は色彩表現に着目したわ」

> 客は，夕方の散歩から帰って，私の書斎で私のそばに腰掛けていた。
> （　略　）
> 友人は，その間に次のように語った。
> 『少年の日の思い出』（ヘルマン・ヘッセ　高橋健二訳）より

1　Cさんの発言の（　　　1　　　）に当てはまる表現を19字で抜き出しなさい。（ただし，句読点は含まない。）
2　Dさんの発言の「色彩表現に着目」して，具体的な表現を挙げながら，あなたが考えたことを書きなさい。

【正答例と採点基準】

1　〇その思い出が不愉快ででもあるかのように（19字）
2　〇「青い夜の色」「闇」「闇一面」などの暗さを感じさせる言葉がたくさん使われていて，「客」（「僕」）の心の色を表している。
※色彩表現と少年時代の思い出を引きずっている「客（僕）」とを関連づけて書かれているかどうかを見る。

（冨髙勇樹）

全4時間

4 ことわざを使った文章を書こう

―語彙の獲得・活用を目指して―

単元のねらいと概要

「言語文化」とは，我が国の歴史の中で創造・継承されてきた文化的に高い価値をもつ言語そのものや言語芸術・芸能等を指すと同時に，それらを実際の生活で使用することで形成されてきた文化的な言語生活のことも意味している（『中学校学習指導要領解説国語編』p.21）。これを踏まえれば，ことわざの学習においても，単にそれぞれの意味を理解するだけでなく，創造したり使用したりする活動が重要であることがわかる。また，社会生活を送るうえでも，国語学習における語彙の獲得や活用は重要な課題である。ことわざを自身の生活に結びつけて理解することは，他の言葉への関心を喚起し，語彙を豊かにすることにつながる。

本単元は，ことわざを知り，ことわざを使った文章を書いたり，オリジナルのことわざを作ったりする学習である。ことわざを通じて，様々な言葉に興味や関心を抱き，日常生活に生かしていくことをねらいとしている。また，どうしても受け身になりがちな言語に関する学習を，生徒に興味・関心を抱かせたアクティブな活動になるようにする。

指導事項と言語活動例

〈中心となる指導事項〉

イ（イ）慣用句・四字熟語などに関する知識を広げ，和語・漢語・外来語などの使い分けに注意し，語感を磨き語彙を豊かにすること。

評価規準

ア　国語への関心・意欲・態度	イ　言語についての知識・理解・技能
①ことわざを積極的に学び，意味や使い方を理解しようとしている。 ②ことわざを身近なものとして捉えようとしている。	①多くのことわざに触れ，意味を知るとともに正しい使い方を理解している。（イ（ウ）） ②短作文「まるでことわざのようだ」をことわざを正しく使って書いている。（イ（ウ）） ③学習したことをもとに「新しいことわざ」を書いている。（イ（イ））

● AL の視点での授業改善のポイント

① 生徒が興味をもつ教材・題材と魅力的な導入（日常生活・社会生活との関連）

小学校段階でも伝統的な言語文化の授業が行われるようになったが，生徒の興味・関心は依然として低いように感じる。そうした状況を踏まえ，伝統的な言語文化への抵抗感を減らすことをねらいとして，第１学年では，身近な言葉や作品から伝統的な言語文化に触れることを意識していきたい。また，豊かな語彙の獲得や活用を目指すためには，３年間を見通した系統的・継続的な取組が重要である。そこで，本単元では生徒にとって比較的身近な言葉である「ことわざ」を取り上げる。興味をもって学習を進められるように，クイズを作って交流を図ったり，ことわざを使用した文章を書いたり，独自のことわざを作ったりと学習活動を工夫することで，主体的な取組になるように授業を構想した。

② 課題解決的な学習，既習事項を活用する学習

ことわざを使用した文章を書いたり，独自のことわざを作ったりするには，ことわざの正しい意味や用途を理解する必要がある。小学校中学年で，ことわざに触れる機会があるが，ここでは伝統的な言語文化の学習の入り口として明確な意図をもった学習を展開していきたい。
〈考えさせたいこと〉昔から使われている言葉がその内容をよく伝えられていること。
〈使わせたい既習事項〉小学校第３学年及び第４学年で触れたことわざについての知識など。

③ 学習の見通し，本時の目標の明示

学習の見通しについては，単元の学習計画を一覧できるように印刷して配付した。また，学習プリントには，本時の目標が記入できるような欄を設け，毎時間確認してから授業を開始している。

④ 自分の考えを発表・交流する機会

第２時ではペアになって作成したクイズを用いて交流する時間を設ける。第３時には，ことわざを使用した文章をグループで読み合い，内容や意味の理解が適切であるか助言をし合う活動を取り入れる。交流の段階として，少人数でのものを最初に取り入れることで，発表や話合いに対する抵抗感を抱かないような工夫をしている。また，伝え合い，読み合い，発表など，今回の学習で行う話合い活動を意識的に行うようにしている。

⑤ 「できた」「わかった」の実感，「できたこと」「わかったこと」の振り返り

毎時間，学習プリントを用いて，簡単な自己評価を行う。そうすることで，次時の見通しをもつとともに，本時の学習を振り返ることができる。また，書いた文章（作品）は，授業の終わりに提出させ，他の生徒の参考になるものをまとめて資料プリントとして，次時に学級全員に配付する。適宜，学習をフィードバックすることで，生徒の意欲の向上や次の学習へスムーズに移行していく効果が得られている。こうした取組は，「努力を要する」状況の生徒への学習支援にもなるため，継続して行っていきたい。

● 単元指導計画（全４時間）

時間	学習活動	指導上の留意点	評価規準（記号）と評価方法［　　］
1	ことわざを調べ，クイズを作成する。		
	● AL のポイント❸ ・本単元の見通しをもつ。 ● AL のポイント❶ ・辞書や便覧等を用いてことわざを調べる。	・〔伝統的な言語文化と国語の特質に関する事項〕に対する抵抗感を和らげるような導入を行う。	ア①［学習の様子］
2	クイズをペアで交流する。		
	● AL のポイント❹ ・互いに作成したクイズで交流を行う。	・クイズの形式にとらわれすぎないようにする。	イ①［クイズの作成と交流］
3	ことわざを使った文章を書く。		
	● AL のポイント❷ ・ことわざを使った文章（「まるでことわざのようだ」）を書く。 ● AL のポイント❹ ・短作文を読み合い互いに助言する。	・ことわざの意味や正しい使い方を理解するよう促す。	ア②［学習の様子］ イ②［ことわざを使った文章］
4	新しいことわざを作る。		
	・前時に書いた文章を読み直し，意味や用法が正しいかどうか検討する。 ● AL のポイント❷ ・新しいことわざを作る。 ● AL のポイント❺ ・単元を振り返り，ことわざの価値や役割についてまとめる。	・既習事項や前時までに学んだことを生かして，新しいことわざを考案する。	ア②［学習の様子］ イ③［新しいことわざ］

● 本時の流れ（3／4時間）

（1）目標

・多くのことわざに触れ，使い方を学ぼうとすることができる。

・多くのことわざに触れ，意味を知って短作文を書くことができる。

（2）評価規準

・ことわざを身近なものとして捉えようとしている。

・短作文「まるでことわざのようだ」を，ことわざを正しく使って書いている。

（3）展開

学習内容・学習活動 （○発問，□指示）	時間	指導上の留意点と評価 （・留意点，※評価）
1．前時の学習内容を振り返る。 □「配付した資料プリントを読んでください」	2	・前時に提出された「ことわざクイズ」の抜粋を資料として配付する。
2．資料を読み，クイズを解く。 ○初めて知ったことわざや意味を誤って覚えていたものはありますか。	8	
3．本時の学習課題を確認する。 本時の学習課題 ことわざを使った短作文「まるでことわざのようだ」を書く。	5	
4．ノートに短作文「まるでことわざのようだ」を書く。 ● ALのポイント❷ □「ここまでで学んだことを生かして，短作文を書きましょう」 □「ことわざの意味と合う文章を書きましょう」	15	・机間指導により個人指導を行う。 ・活動が進まない生徒に対しては，既存のことわざを自分の生活に合わせて改変してみるように促す。 ※ア②［学習の様子］ ・「努力を要する」状況の生徒→便覧を使用することを勧める。補助プリントの提示。

5．グループで互いの短作文を読み合い，助言を付箋に記入し，ノートに貼る。 ● AL のポイント❹ □ことわざの意味と合う文章になるように，よいところ・改善点を付箋に書きましょう。 □自分の文章と他の人の文章を比べて，よいところを取り入れましょう。	10	・机間指導し，意味や使い方が誤っていれば，気づくように支援する。 ・助言がなるべく具体的になるように指導する。
6．助言を参考にして，短作文「まるでことわざのようだ」をよりよいものに書き直す。	10	※イ②［ことわざを使った文章］ 短作文を，ことわざにより当てはまるように修正を加えている。 ・「努力を要する」状況の生徒 →適切でない部分に線を引く。
7．短作文を書き終えたら，学習カードに自己評価を記入する。 8．次時の学習課題・学習内容を伝える。		・次時の授業への関心や興味を抱かせる。

● AL のポイント

AL のポイント①　ことわざクイズを作成する

単に，一問一答的なクイズにするのではなく，複数のことわざに共通する点を〔ヒント〕として示させることにより，ことわざの特徴に気づかせるようにする。

〈生徒作品例〉

①（　　　）にひかれて善光寺まいり

…他のことに誘われて偶然よい方に導かれること。

②（　　　）の威を借るきつね

…強い人の力や勢いを頼りに威張る人のこと。

③やぶをつついて（　　　）を出す

…しなくてもよい余計なことをして失敗すること。

〔ヒント〕（　　　）には全て十二支の動物が入る。

ALのポイント②　ことわざを使用した文章「まるでことわざのようだ」を書く

自分の生活の中での出来事などをことわざとつなげて文章にする。「まるで，『○○○』ということわざのようだ」という終末にし，○○○の部分は空欄にしておく。文章は，ことわざの辞書的な解説ではなく，身近な生活でことわざが使われる状況を考えて書くことが大切である。

文章の読み手は，使用されていることわざを考え，適切に使用されているかどうかを交流する。生徒の作品を抜粋してフィードバックすることで，授業に対する興味関心を深めることができる。

国語資料プリント「まるでことわざのようだ」【一年四組編】

ある日，父が突照貯金箱を買ってきました。その貯金箱はペットボトルにとりつけて一円を貯めるというものでした。私は，父のことだからどうせまた，貯まらないのだろう，と思いました。しかも貯めるお金が，一円だというので，たいした金額もたまらないと考えていました。しかし，父が貯金箱を買ってきてから，一か月ほどたった日，父が少し重い袋を私に渡してきました。「これなに？」と聞くと，「見てみな」と言われたので私は中をのぞいてみました。すると，中には沢山の一円玉が入っていました。大した金額にもならないだろうと思っていたのに，かなりの金額がありそうです。これこそ，□だなと思いました。

ぼくの姉はよく物を出しっぱなしにしています。だから，ぼくは，よく「これかたづけて」と言います。すると，ぼくの姉は「あとでやる」と言うのですがしばらくたってもやりません。なので，何回も言うのですが，その繰り返しなのです。そして結局はぼくの言う事を聞いてくれないのです。
本当に□というとことわざのとおりだと思いました。

・私は，学校の授業の中で数学が苦手です。数学の時間の解き方を考えるとき，数学が苦手な私は解き方がなかなか分からないことが時々あります。
その時は，まわりにいる友達と相談して解き方を一緒に考えます。
私は，友達と相談してやる方が一人で考えるよりも，とてもよい考えが出ると思いました。
これは，□ということわざのとおりだなあと思いました。

二人は山頂を目指していた。分かれ道があった。すると友人が「早く山頂に行きたいから近道していこう」と言った。しかし近道はとても危険な道だ。友人は近道を自分は遠回りをした。先に山頂についたのは自分だった。友人は途中で骨折したらしい。まさに□ということわざの通りだ。

「新しいことわざ」をつくる

ことわざの学習は，新しいことわざを知り，それぞれの意味や用法を理解することで終わることが多い。しかし，生徒に本当に考えさせたいのは，短い言葉に教訓や風刺などを盛り込んだ昔の人の知恵や，それを生活に役立て継承してきた人々の思いである。そのことにより，伝統的な言語文化というものについての興味関心も深まるはずである。

今回は，授業の最後に「新しいことわざ」をつくるという活動を設定した。この課題を解決することにより，上記のねらいが達成できると考えたからである。生徒は楽しみながら活動した。生徒が作成したことわざの例を示す。

①「本の間から金」

…いやいや本を読むと，本の間にお金がはさまっていたことから。

【意味】何事もやってみるとよいことがあるということ。

②「ハンバーグにパセリ」

…ハンバーグにパセリが乗っていても乗っていなくてもあまり味に変わりはないが，ないとどことなく寂しいことから。

【意味】なくても支障はないが，どちらかと言えばあった方がいいもののこと。

③「試し書きをペンで書く」

…試しに文字を書くときに，ペンで書いてしまっては，後で直しようがなく後悔することから。

【意味】何事も先を見て行動した方がいいということ。

AL のポイント③　単元の学習計画を一覧できるような学習カードを活用する

「単元の目標」「学習の流れ（学習内容・学習活動）」「自己評価」が一体となった学習カードを，単元の始めに配付する。そうすることで，単元の見通しをもって活動を進めていくことができる。また，時間をあまりかけずに，毎時間の振り返りをすることができる。

国語「ことわざと出会う」 学習カード

【　】組【　】番　氏名【　　】

【単元の目標】

①多くのことわざに触れて積極的に学び，意味や使い方を理解しようとしている。
②ことわざを身近なものとして捉えようとしている。
③短作文「まるでことわざのようだ」を，ことわざを正しく使って書いている。
④学習したことをもとに「新しいことわざ」を書いている。

《学習の流れ》　〈自己評価〉

回	学習内容・学習活動	①	②	③	④
1	ことわざ調べ・クイズの作成				*
2	クイズの交流・短作文を書く				*
3	短作文の推敲				*
4	新しいことわざを作る			*	

《振り返り》

評価の工夫

【問題例】

設問１　今回の学習で，あなたが新たに知ったことわざを５つ以上書きなさい。
設問２　設問１で挙げたことわざの中から１つを選び，（A）ことわざの意味（B）ことわざを用いた100字以内の文章を書きなさい。
設問３　右に掲載されている文章の「　　」に当てはまることわざを答えなさい。
　また，どうしてそのことわざが当てはまるのか理由を書きなさい。
設問４　ことわざの魅力についてあなたが感じたことを，あなたの日常生活や社会生活と関連づけて書きなさい。

この間，たまたま机の中を整理していたら，あまり使っていない財布が出てきました。その中を見ると，千円札が三枚入っていました。まるで「　　」ということわざのようだと思いました。

【正答例と採点基準】

設問２（「情けは人のためならず」を選んだ場合）
（A）
・人に親切にしておけば，いつか自分によい報いがある。
※選んだことわざについて正しい意味が書けている。
（B）
・今日の登校中に，大きな荷物を持って歩道橋を渡ろうとしているおばあちゃんを見かけました。知らないおばあちゃんでしたが「情けは人のためならず」だと思い私は声をかけ，荷物を持って歩道橋を渡りました。（96字）
※選んだことわざが文章の中で正しく用いられている。
※100字以内で書いている。
設問３
・「棚からぼた餅」
・机を整理してお金を見つけたことは，思いがけない好運を得たことだから。
※文章を読み，正しいことわざが書けている。
※文章内容とことわざの意味のつながりを意識した説明ができている。
設問４
※細かな採点基準は設けず，「国語への関心・意欲・態度」の評価の資料とする。

（平山　昂）

話すこと・聞くこと　　全５時間

1　職場体験学習の報告をしよう

―資料や身振り手振りを効果的に使いながらメモだけで話す―

● 単元のねらいと概要

多くの中学校で行われている職場体験学習では，様々な事業所に分かれて数日間勤務体験をする。そのため，どんな職場で，どのような体験をし，何を学んだかを報告し合う活動は，話し手にも聞き手にも必然性があり，関心をもちながら主体的に取り組める。聞き手がその職場を知らない場合は，具体的でわかりやすい内容や話し方をしなければ伝わらない。また，聞き手が見たこともない事柄を伝えたり気づきを印象づけたりするには，適宜，フリップや身振り手振りを活用すると効果的である。本単元では，メモだけで話すときの話し方に加え，こうした補助的な表現の使い方についても互いに助言しながら，よりわかりやすい報告を工夫させる。単元を通して「アクティブな思考・判断・表現」に支えられた協働的な学びが期待できる。

● 指導事項と言語活動例

〈中心となる指導事項〉

ウ　目的や状況に応じて，資料や機器などを効果的に活用して話すこと。

〈言語活動例〉

ア　日常生活の中の話題について報告や紹介をしたり，それらを聞いて質問や助言をしたりすること。（１年）

評価規準

ア　国語への関心・意欲・態度	イ　話す・聞く能力	ウ　言語についての知識・理解・技能
①自分や友達の職場体験の様子が聞き手によりわかりやすく伝わるように，報告する内容や構成，話し方，資料等を工夫しようとしている。	①話し方に加え，資料や身振り手振りを効果的に活用しながら話している。（ウ） ②聞き手を想定し，内容や構成，資料の活用の仕方などについて質問や助言をしながら聞いている。（エ）	①話し言葉と書き言葉との違いについて理解している。（イ（ア））

● AL の視点での授業改善のポイント

① 生徒が興味をもつ教材・題材と魅力的な導入（日常生活・社会生活との関連）

職場体験学習に当たって，事後に報告会をすることを知らせておく。また，総合的な学習の時間の体験記録ノートを，報告する内容の取材に活用するようにする。単元の導入に際しては，「スーパーの裏方が気になる」「飲食店のお客さんへの対応にはコツがあるのか」「美容院って楽しいことばかりに見えるけど･･･」等，互いの体験への興味・関心を高めておくとよい。

② 課題解決的な学習，既習事項を活用する学習

第１学年のときの「意見の発表」で学習した，相手が聞きやすい声の大きさ，速さ，間の取り方等を活用させつつ，今回は原稿を持たずに臨機応変に話すというように難易度を上げる。また，言語表現を補助するフリップや身振り手振りの工夫やその効果について，「仲間グループ」で助言し合いながら具体的に考えさせる。明確な目的（全くその職場を知らない相手にその職場の様子や仕事内容等を伝える）をもたせ，報告時間やフリップの枚数の限定という条件下で行わせることで，より考えがいや表現しがいのある課題解決的な言語活動になるようにする。

③ 学習の見通し，本時の目標の明示

生徒に，報告会をするという最終目標だけでなく，学習全体の流れ，さらには，振り返りシート（65ページ参照）を使って「高めようとする力」も明示する。また，その授業ごとに，何を目指して何をどのように行うのか，具体的なゴールとプロセスを示すようにする。

④ 自分の考えを発表・交流する機会

第１・２時では，個人を中心にしながらも，ペアでの対話を適宜取り入れる。第３・４時では，ジグソー学習を行う。第３時では，リハーサルとその後の改善までを同じ職場で体験したメンバーを含む「仲間グループ」で，協働意識をもって積極的に助言し合うようにする。ここでは，内容を理解したうえで，聞き手の立場からよりよい表現を目指した課題解決的な交流が行われることになる。第４時の本番の報告会では，内容を全く知らないメンバーで編成した「初めてグループ」で体験報告を聞き合う。これは「報告」という真の目的をもった活動となるため，「初めてグループ」内では，内容に関しての感想交流を行うようにする。

⑤ 「できた」「わかった」の実感，「できたこと」「わかったこと」の振り返り

「初めてグループ」で報告会本番を終えたあと，一旦「仲間グループ」に戻って，本番では自分の報告はどうだったかを互いに報告し合う。そこでの「助言どおり〇〇したらよくわかってもらえた」「フリップはあのタイミングで大成功だった」というような交流を通して，「おかげでうまくできた」「助言してあげてよかった」という協働的な学習の喜びを実感することができる。さらに，終末には，学習の振り返りシートに自分の学びと成長をまとめたり，その力を生かせそうな場面を想像したりさせる。このように，自身の学習をメタ認知する活動は，本単元で身につけた力を実の場でも活用する「実践力」につなげるために大切である。

● 単元指導計画（全５時間）

時間	学習活動	指導上の留意点	評価規準(記号)と評価方法［　］
1	職場体験学習の報告会では何を，どんな順で報告すればよいだろうか。		
	・付箋に思いつくまま書き出す。 ● AL のポイント❶ ・付箋をもとにペアで対話する。 ・付箋を使って材料の取捨選択，分類，順序づけをする。	・付箋は２色用意し，事実と感想に書き分けさせる。 ・５Ｗ１Ｈを中心にペアで対話し，内容を引き出し合う。	イ①［ノートの記述］
2	報告スピーチの用意を（スピーチメモを作成）しよう。		
	・前時の付箋にしたがって，スピーチ原稿を話し言葉で記述する。あるいは，すぐにメモを書く。 ● AL のポイント❷ ・２分半の流れに合わせ，キーワードを使ったスピーチメモを作成する。 ・フリップに書く内容と，見せるタイミングの案をもっておく。	・原稿からメモを作る場合，助詞・助動詞など重要ではないと判断した語句から線で消し，キーワードを残す。 ・フリップは１枚のみとすることで，最も効果的な使い方を吟味させる。	イ①［ノートの記述］
3	報告スピーチのリハーサルをし，改善に向けて助言し合おう。		
	● AL のポイント❸ （報告２分半＋助言３分）×６名 ・「仲間グループ」のメンバーの報告がどれもさらによくするという目的をもって，報告（リハーサル）を聞く。 ● AL のポイント❹ ・わかりにくい部分やもっとくわしく語るべき部分はないか，資料は適切かについて質問や助言をし合う。	・リハーサルの聞き合いは第１・２時でも対話し内容を知っているペアを含めた「仲間グループ」で行わせ，聞き手の立場から観点を絞って助言させる。	イ②［交流の様子］ イ①［報告の様子］
4	報告会（本番）を行い，互いの報告に対し感想を述べ合おう。		
	● AL のポイント❹ ・「初めてグループ」で報告会を行う。（報告２分半＋感想２分）×６名×２回 ・報告について感想を伝え合う。	・報告会は２回目も「初めて聞く」メンバーで行う。 ・１人の報告が終わるたびに，報告した内容についての感想を中心に交流する。	ア①［報告の様子］

	●ALのポイント❺ ・「仲間グループ」に戻り，互いに報告会で助言がどう役立ったか，聞き手の反応も含めて報告し合う。		
5	本単元の活動を振り返り，学びをまとめよう。 ●ALのポイント❺ ・代表者数名の報告スピーチを聞く。 ・振り返りシートで学習の達成度を自己評価したり学びをまとめたりする。それを発表し合う。	・代表者は生徒からの推薦と指導的意図をもって教師が選ぶ。 ・参考にしてほしい振り返りカードは，掲示する。	ウ①［振り返りシートの記述］

● 本時の流れ（3／5時間）

（1）目標

報告スピーチのリハーサルを通して，話し方や資料の見せ方等について工夫とその効果について気づかせ，音声表現力を高める。

（2）評価規準

聞き手を想定し，内容や構成，資料の活用の仕方などについて質問や助言をしながら聞いている。

（3）展開

学習内容・学習活動 （○発問，□指示）	時間	指導上の留意点と評価 （・留意点，※評価）
1．本時の学習課題を確認する。 報告スピーチのリハーサルをし，改善に向けて助言し合おう。 ●ALのポイント❸ □「仲間グループ」でリハーサルをします。「仲間への愛の力で，聞き手になったからこそ気づく『ありがたい助言』をし合いましょう」 ○「その内容を伝えるにはどのような話し方をすればもっとありありと伝わるのでしょうか。どのタイミングでどのような資料やジェスチャーを使えば聞き手がわかってくれるのでしょうか」	3 33	・「仲間グループ」には，第1・2時で相談相手だったペアや，同じ職場体験をした者同士を含むようにする。 ・「仲間グループ」は，本番ではばらばらになり別の人に報告スピーチをすることを確認し，協働意識を高める。 ・聞き合いの観点としては，「聞き手」になってこそ気づくもの，つまり音声言語活動の特性に関わるものに絞る。

2．仲間グループで報告を聞き，助言し合う。
5分半（スピーチ2分半＋助言3分）×6人

● AL のポイント❹

□「話し手はメモを参考に聞き手の顔を見て話しましょう」

□「聞き手は，後で有効な助言ができるように気づきをメモしてもいいですが，なるべく目を離さないようにしましょう」

〈報告スピーチのメモ〉

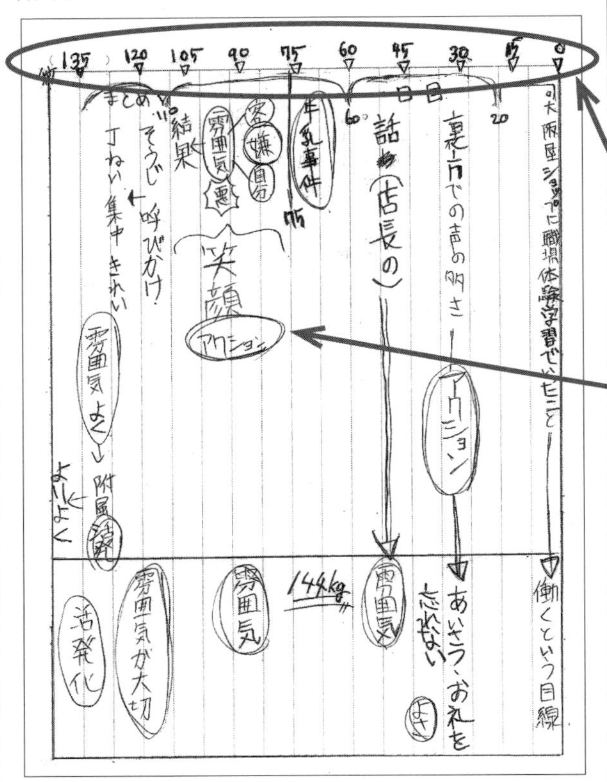

〈聞くときの観点・助言のポイント〉
①目線や語りかけ方からわかってほしい思いが伝わるか
②話す速さや間の取り方は理解の具合に合っているか
③フリップの内容や提示のタイミング，身振り手振りは効果的か

・1人のスピーチが終わった後には，「よかった」「わかりにくい」で終わらず，「なぜわかりにくいのか」「このように話せばわかるのか」など，工夫と効果の両方を伝えたり，問題点に対しては解決方法も提案したりさせる。

・1人当たりの時間が公平に確保できるようタイマーをかけ，どのグループも5分半ごとに次の人と交代を促す。

・メモには時間の目安，キーワード，身振り手振りをするタイミング等を書いておくよう指導しておく。

・リハーサルの段階ではフリップは未完成でもよしとする。

3．互いの助言を生かしながら，各自報告スピーチをさらに改善したり練習したりする。（12）

4．友達の助言を通して学んだ報告スピーチのポイントを隣の人と伝え合う。（2）

・友達の助言が役立ったことを伝え合うことは，自己有用感を高め，その後の協働的な学びの土台となる。

● AL のポイント

AL のポイント③・④　ジグソー学習によって，目的に合った課題解決的な交流を実現する

（１）第３時のリハーサルは「仲間グループ」（６名）で行う。

（同じ職場で体験をした者や第１・２時で内容について対話したペアを含める）

1A	1B	1C
1D	1E	1F

原則として，内容については理解しているメンバーと初めて聞くメンバーが混ざっているため，よりよい報告になるよう前向きに，話し方や資料の工夫を助言することができる。

貯蔵室の中にはいろいろあって…。
貯蔵庫の中の見取り図を見せると，聞いている人はよくわかるし，説明もしやすいよな。
貯蔵室って言われてもどんなものか想像できないな。

（２）第４時の報告会本番は「初めてグループ」（６名）で行う。

（各「仲間グループ」から１名ずつが集まって編成。原則，初めて聞き合うことになる）

1A	2A	3A
4A	5A	6A

本番の報告会では，話し手は内容を伝えるために，聞き手は内容に興味をもって聞くことになる。聞いた後には，感想を述べ合い，互いに報告した充実感を味わわせる。

へえ，大変そうだな…。

聞き手と話し手との距離２～３m

ここからここまでぐらいの広さで…。

園児の残食の野菜と肉の割合はこんな感じです。

報告会の後，「仲間グループ」に戻り，「助言が役立った」「こんな反応があった」など，報告会について報告し合う。このような交流は，協働的な学びのよさを実感する場面となる。

AL のポイント⑤　「できたこと」「わかったこと」をまとめることで自身の学びを自覚させる

学習の目標としても提示した項目（下のシート右1～10）を３段階で自己評価する。スパイラルな学びにして確実に力をつけるため，既習事項も10項目の中に入れておく。次に，学びを自身のものとしてメタ的に構造化できるよう，自分の学びをなるべく図解（文章も可）させる。さらに，アクティブ・ラーニングでは，学びに対する主体性も大事にしたい。そこで，感想もひと言書かせ，情意面の高まりも自覚させる。振り返りシートは掲示し，学んだことを交流する場にする。これらを参考にさせることで，学びの振り返り方が上達していく。

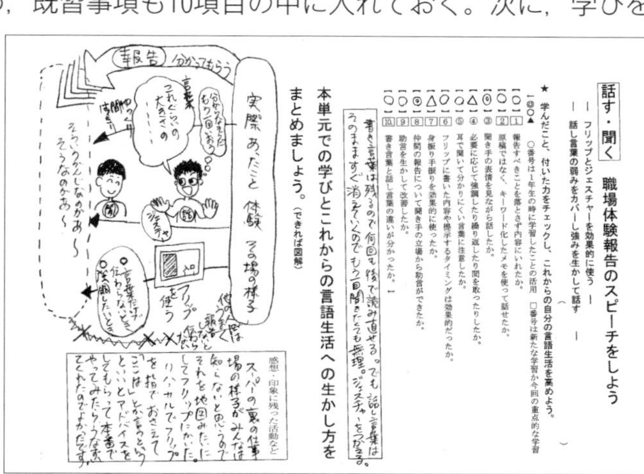

話す・聞く　職場体験報告のスピーチをしよう
―フリップとジェスチャーを効果的に使う―
―話し言葉の弱みをカバーし強みを生かして話す―

★学んだこと，付いた力をチェックし，これからの自分の言語生活を高めよう。
（◎○▲　○番号は１年生の時に学習したことの活用　□番号は新たな学習か今回の重点的な学習）

【○】1 報告すべきことを落とさず内容にいれたか。
【○】2 原稿ではなく，キーワード化したメモを使って話せたか。
【◎】③ 聞き手の表情を見ながら話したか。
【△】④ 必要に応じて強調したり繰り返したり間を取ったりしたか。
【○】⑤ 耳で聞いて分かりにくい言葉に注意したか。
【○】6 フリップに書いた内容や提示するタイミングは効果的だったか。
【△】7 身振り手振りを効果的に使ったか。
【◎】8 仲間の報告について聞き手の立場から助言ができたか。
【○】9 助言を生かして改善したか。
【○】10 書き言葉と話し言葉の違いが分かったか。

書き言葉は残るので何回も後で読み直せる。でも話し言葉はそのまますぐ消えていくのでもう一回聞きたくても無理。ジェスチャーもつかえる。

本単元での学びとこれからの言語生活への生かし方をまとめましょう。（できれば図解）

感想・印象に残った活動など

● 評価の工夫

【問題例】

中学２年生の牧田さんの学級では，職場体験学習の報告会を行います。次は牧田さんの【報告スピーチの構成メモ】と【報告スピーチの一部】，さらに報告会後に作成した【報告文集に記述した文章の一部】です。次の問いに答えなさい。

【報告スピーチの構成メモ】

	話す内容	タイミング	備考
体験した仕事 職場の様子	①青果場について ②トマトの箱詰め担当 ③大きさ選別の機械（Ｌ・Ｍ） ④トマトについたごみ	…ア …イ …ウ …エ	わかりにくいので身振りを入れる。
感想など	⑤有り難い体験→集中	…オ	

【報告スピーチの一部】

青果場での体験

①青果場って知っていますか。生産者の作った野菜を集めて業者等に卸売りする市場です。私はそこでトマトの箱詰めをしました。初めて見る機械で，ベルトコンベアに乗せられたトマトが，このコンベアがこっちへ動いているとしますね。すると，Ｍサイズのトマトならここで落ちるんですね。Ｌならここで，というふうにサイズごとに分けられます。それを箱にどんどん詰めていくんですけど，ときどきゴミがついているのがあるんですよ。そういうのを見つけたら傷がつかないように手でさっと除去します。こういう仕事は本当に大変でした。けれど，所長さんから「出荷前の野菜は青果場の命。扱い方一つで作られた方の思いを大切にもできるし台無しにもしてしまうよ」と言われ，そういう大事なものを扱わせてもらえるなんてうれしいことだと思いました。また，こんなチャンスはあまりないので，「集中！　集中！」と自分に言い聞かせてがんばりました。

【報告文集に記述した文章の一部】

青果場での体験

　青果場とは生産者が作った野菜を集めて業者等に卸売りする市場である。私はそこでトマトの箱詰め作業を担当した。ベルトコンベアで運ばれてくるトマトは専用の機械で大きさによって自動的に分別される。ＬとＭに分けられたトマトをそれぞれの大きさの箱に並べていく。もしもゴミがついていたら，トマトを傷つけないよう慎重に除去するのだ。

■こうした作業はかなり大変であった。しかし，所長さんがおっしゃるには，「出荷する前の野菜の扱い方によっては，生産者の方の思いを消費者に継ぐこともできるし，台無しにもしてしまう」そんな「青果場の命」とも言える野菜を扱わせてもらえるのは大変うれしいことだと思った。また，めったにない機会なので，自分の仕事に全神経を集中させてがんばった。

1　【報告スピーチの一部】の――①の意図として，当てはまらないものを次から１つ選び，記号で答えなさい。

ア　これから話す内容の前提となる理解を聞き手に促そうとしている。

イ　これから話す内容に関する聞き手の知識を確かめようとしている。

ウ　これから話す内容に対して聞き手の興味を喚起しようとしている。

エ　これから話す内容について聞き手に共感を抱かせようとしている。

2　牧田さんは，自分の「報告スピーチ」には，言葉だけでは伝わりにくく視覚的資料が必要だと気づきました。牧田さんはどんな資料を用意すればよいですか。また，その資料は【報告スピーチの構成メモ】の中のア～オの中のどのタイミングで使いますか。記号で答えなさい。

3　牧田さんは，実際に報告する際，時間があったので【報告スピーチの構成メモ】の「話す内容」には書いていなかった内容を話しています。それはどんな内容か簡潔に書きなさい。

4　【報告文集に記述した文章の一部】では■のように改行することができますが，話す場合にはそれはできません。では，話す場合には，話の変わり目をどのように表現しますか。

5　【報告スピーチの一部】の中の「除去する」は発音しにくく，聞き取りにくい言葉です。これを意味はそのままにして聞き取りやすい言葉に書き換えなさい。

6　【報告スピーチの一部】の中に「チャンス」という言葉があります。これは聞き手に起きうる誤解を予想して，牧田さんが選んだ語句です。牧田さんの予想した聞き手の誤解とは何か書きなさい。

7　「報告スピーチ（話す）」と「報告文を書く」のとでは，あなたはどちらが得意ですか。また，その理由について「話し言葉」や「書き言葉」の特性を踏まえて書きなさい。

【正答例と採点基準】

1　エ

※この問いかけによって，青果場について興味をもたせたり，青果場についての聞き手の知識を確かめて，必要ならばそれを伝えたりすることで，次へと話を展開しやすい。

2　トマトの大きさを選別する機械の絵や写真　　タイミング㋒

※大きさを選別する機械については体験した自分しか知らず，聞き手は想像しにくいため，視覚的資料によって理解を促す必要がある。また，その絵や写真があれば，「ここで」という指示語も有効に使いながら説明できる。

3　出荷前の野菜が青果場にとって大切なものであること。

※【報告スピーチの構成メモ】と【報告スピーチの一部】を対照し，前者になくて後者にあるのは「出荷前の野菜の大切さ」を語っている部分であると気づいているか。

4　間を長めに取る，話し始める際の声の調子を変える　など

※文章表現と音声表現の違いを理解したうえで，表現方法を工夫しているか。

5　「取り除く」「つまみとる」等

※「漢語」の場合，音によっては伝わりにくいときがある。ここでは「ジョキョする」でもよいが「取り除く」や「つまみとる」の方が発音しやすく，聞き取りやすい。

6　「きかい」だと「機会」を「機械」と勘違いするかもしれない。

7　※どちらでもよいが以下のような特性を踏まえた理由が書かれていること。

話し言葉…消滅性，不可逆性，場や状況の影響を受ける，即時対応能力がいる　等

書き言葉…記録性，完結性，比較的に余裕がある，相手の反応がわからない　等

（萩中奈穂美）

書くこと

全8時間

2 「400字の物（モノ）語」を書こう

―伝えたい事柄や相手に応じて構成や描写を工夫する―

● 単元のねらいと概要

読み手に新しいものの見方や考え方を示唆する内容の「400字の物（モノ）語」を書く学習を行う。読み手に伝えたい事柄や心情を，「物語」を通して明確かつ効果的に伝えるためには，構成や描写の工夫が鍵となる。直感や思いつきで書くのではなく，他者からの感想や意見を参考にしながら，徹底的に読み手の立場に立ち，構想を繰り返し練り直すことに重点を置く。本単元では，「モノ」を主人公とした物語を書く。これまでとは異なる視点から自分や社会を見つめることによって，生徒のものの見方や感性を豊かなものにすることができると考える。

● 指導事項と言語活動例

〈中心となる指導事項〉

イ　自分の立場及び伝えたい事実や事柄を明確にして，文章の構成を工夫すること。

ウ　事実や事柄，意見や心情が相手に効果的に伝わるように，説明や具体例を加えたり，描写を工夫したりして書くこと。

〈言語活動例〉

ア　表現の仕方を工夫して，詩歌をつくったり物語などを書いたりすること。

評価規準

ア　国語への関心・意欲・態度	イ　書く能力	ウ　言語についての知識・理解・技能
①伝えたい事柄や心情を効果的に伝えるために，登場人物の設定や構成，描写を工夫しようとしている。	①伝えたい事柄が明確になるように，場面や登場人物の設定，構成を工夫している。（イ） ②伝えたい事柄や心情が効果的に伝わるように，語句選びや描写の仕方を工夫している。（ウ）	②抽象的な概念を表す語句や具体的な説明などのもたらす効果の違いを確かめながら，表現に生かすことができる。（イ（イ））

● AL の視点での授業改善のポイント

① 生徒が興味をもつ教材・題材と魅力的な導入（日常生活・社会生活との関連）

生徒の「書きたい，書いてみたい」という活動意欲を喚起するためには，魅力的なモデル教材が欠かせない。そこで本単元では，二階堂酒造のシリーズ広告である「よりみち物語」をモデル教材として使用した。この広告は，「モノ」を主人公にしながらも，実は人について語っているという仕掛けが施された，おもしろくもメッセージ性の強い物語である。そのため，生徒の創作意欲を喚起することが期待できるとともに，伝えたい事柄や心情を効果的に伝えるための構成や描写を工夫することをねらいとする本単元の学習にとって，絶好の教材と言える。なお，生徒が完成させた作品は，校内はもとより地域の施設にも掲示させていただいた。

② 課題解決的な学習，既習事項を活用する学習

生徒一人一人が，課題解決への意欲をもち続けながら学習活動に取り組むことができるように，個人での課題解決を中心とした単元を設定した。その過程の中で生じた疑問について，グループや全体で考える場面を設けた。また，生徒の再思考（練り直し，書き直しなど）を促進する手立ての１つとして，制作過程が一度に俯瞰できるＡ３判の「構想シート」を準備した。
〈考えさせたいこと〉伝えたい事柄などを効果的に伝えるための構成や描写の工夫。
〈使わせたい既習事項〉必要な情報の集め方，表現技法など。

③ 学習の見通し，本時の目標の明示

第１時において，「構想シート」を使いながら完成までの見通しをもたせた。本単元は，個人での課題解決を中心とした学習であるため，１コマの活動内容は一人一人異なる。そこで，前時の振り返りの中で次時の課題や活動内容を設定させ，本時の導入時にそれを確認する時間を設けた。また，第３～５時では，前時の「構想日誌（振り返りシート）」の「迷っている点」の欄への記入内容をもとに，共通の課題（「今日の疑問」）を設定し，個人での活動に入る前に学級全体で考える時間を設けた。

④ 自分の考えを発表・交流する機会

物語の構想を立てる活動においては，基本的に４人班をつくり，疑問が生じたときにはすぐに友達に相談できる状態で活動させた。また，題材として選んだ「モノ」について，どんな情報があると効果的か，どんな構成にすると伝えたい事柄や心情が明確になるか，効果的に伝えるためにはどんな描写の工夫が考えられるかなど，作品の制作過程において悩んでいる点や迷っている点を明らかにして班の仲間に相談する時間を毎時設定し，繰り返し取り組ませた。

⑤ 「できた」「わかった」の実感，「できたこと」「わかったこと」の振り返り

毎時，授業の最後に「構想日誌」を書かせた。書かせた内容は，自由記述の他に「迷っている点」と「次時の課題と活動内容」である。単元の最後には，学習を通して気づいたことや学んだことを振り返らせたとともに，学校外で調べ学習などを行ったどうかの確認も行った。

● 単元指導計画（全８時間）

時間	学習活動	指導上の留意点	評価規準（記号）と評価方法［　］
1	モデル教材を読み，書き手の工夫点を見つける。		
	● AL ポイント❶・❸ ○モデル教材（『よりみち物語』二階堂焼酎シリーズ広告）を読み，書き手の工夫点を見つける。	・学習の見通しをもたせる。 ・擬人法（既習事項）について確認する。	ア①［学習シート］ ［授業の様子］
2	「誰に何を伝えたいか」を踏まえ，「モノ」を決める。		
	● AL ポイント❷・❺ ○伝えたい事柄や心情，伝えたい相手を決める。 ○主人公となる「モノ」を決める。	学校や社会の様子などを踏まえたうえで，伝えたい事柄や相手などを考えさせる。	ア①［構想日誌］ ［授業の様子］
3・4・5	伝えたい事柄や相手を意識して，物語の構想を立てる。		
	● AL ポイント❷・❸・❹・❺ ○主人公となる「モノ」に関する情報を集める。 ○物語の場面や登場する「モノ」の人物像などを設定する。 ○構成を工夫する。	生徒一人一人が必要と感じたタイミングで友達に意見を求め，調べ学習をしたりすることを認めていく。	ア①［構想日誌］ ［授業の様子］ イ①［構想シート］
6・7	読み手への効果を考えながら，描写を工夫して物語を書く。		
	● AL ポイント❷・❸・❹・❺ ○物語を書く。 ○語句選びや描写を工夫する。	最後まで推敲を重ねることができるように，清書はパソコンで作らせる。	ア①［構想日誌］ イ②［構想シート］ ［下書き］ ウ①［下書き］
8	視点を明確にして，友達の作品を鑑賞する。		
	● AL ポイント❹・❺ ○鑑賞する。	構想を練った際の多様な視点をもとに鑑賞をさせる。	ア①［構想日誌］ イ①②［作品］［鑑賞シート］［単元のまとめ］

本時の流れ（4／8時間）

（1）目標

読み手の立場から「モノ」に関する情報の価値と必要性を判断し，物語の構成や展開を工夫することができる。

（2）評価規準

場面や登場人物の設定，構成に適切な工夫を加え，伝えたい事柄を明確にしている。

（3）展開

学習内容・学習活動 （○発問，□指示）	時間	指導上の留意点と評価 （・留意点，※評価）
1．本時の自分の課題と活動内容を確認する。 ● AL のポイント❸	5	・より具体的な課題をもつことができるようにするため，課題のもち方が優れている生徒数人に，今日の自分の課題を発表させる（「構想日誌」の事前の見取りから）。
2．共通の課題（「今日の疑問」）について話し合う。 共通の課題 （例）構成の違いで，どのような効果の違いが生まれるのか。 ● AL のポイント❷ 	10	・「（例）どのような構成にしたらよいか迷っている」という「構想日誌」への記入内容から設定した「今日の疑問」をスライドで提示する。 ・「今日の疑問」を考えるための例として取り上げた「モノ」に関する情報をスライドで映し，どの情報をどの順番に並べると，伝えたい事柄が明確になるかを考えさせる。 ・異なる構成を考えた複数の生徒にそう考えた理由を発表させることにより，構成の違いによる効果の変化を実感させる。 ・起承転結や事件の発端・山場・結末といった構成の特徴について確認する。
3．自分の作品の構想を練る。 【個→グループ→個】 ● AL のポイント❷・❹	30	・疑問が生じたとき，すぐに友達に相談することができるように，４人班をつくった状態で活動させる。

A主人公となる「モノ」に関する情報を様々な方法で集める。 B物語の場面や登場する「モノ」の人物像などを具体的に設定する。 C作品に用いる「モノ」に関する情報を選び，構成や展開を工夫する。 ⇒学習活動Ａ・Ｂ・Ｃは，繰り返し行き来しながら，スパイラル状に進めていく。 		・構成を考える際，用いる情報を変更したり順番を入れ替えたりすることができるように，付箋紙を利用させる。また，展開の山や谷を意識させるため，「展開グラフ」を書かせる。 ※「物語」に用いる情報が書かれた付箋紙を取り替えたり，順番を入れ替えたりしている。 ※「モノ」に関する情報を何度も確かめながら，展開グラフにメモを書き込んだりしている。 ・他の生徒に作品の構想を説明し，迷っている点などについて，読み手の立場から感想や助言をもらう場を設ける。 ・他の人からの助言により，発想が広がったり新たなアイデアが浮かんだりしたことを実感させるために，アドバイスを受けたことをペンで記録させる。 ※他の人からの助言を受け，構想シートにメモを書き加えたりしている。 
4．「構想日誌」を書きながら，学習の振り返りをする。 ● AL のポイント❺	5	・「構想日誌」への記録が主体的な活動になるよう，指示は具体的になりすぎないように留意する。

● ALのポイント

ALのポイント②　生徒の再思考を促進する「学習シート」

学習シートが複数に分かれていると生徒の思考が分断されてしまう可能性がある。精度の高い文章を書くには，制作における各段階の整合性を図る必要がある。そこで，制作過程が一度に俯瞰でき，他の制作段階との関連を常に図りながら構想することができるようなＡ３判の学習シート（「構想シート」）を準備した。

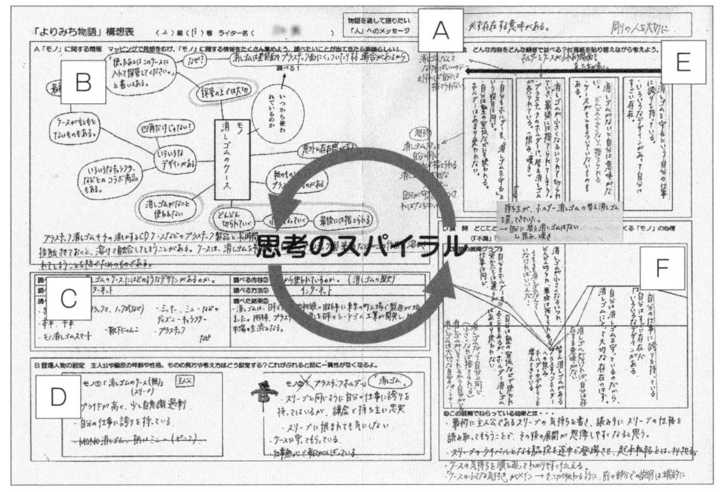

学習シートの内容は以下のとおりである。

A　伝えたい事柄や心情　→物語を通して語りたい「人」へのメッセージを書く。
B　「モノ」に関する情報　→マッピングで「モノ」に関する情報を広げ，分類する。
C　「モノ」に関する情報　→必要な情報をインタビューやインターネットなどで調べる。
D　「モノ」の人物像　→主人公（脇役）となる「モノ」の年齢やものの見方などを設定する。
E　構　成　→付箋紙を使って物語に取り入れる情報を選んだり，順番を考えたりする。
F　展　開　→展開グラフを書き，「モノ」の情報や場面の展開などをメモする。

生徒の学習シートには，新たな気づきが次々と書き込まれていった。生徒が自分の変容を実感できるように，加筆，修正する際はペンを使わせ，消しゴムは一切使用させなかった。

ALのポイント③・⑤　学習活動の特性に応じた「振り返り」

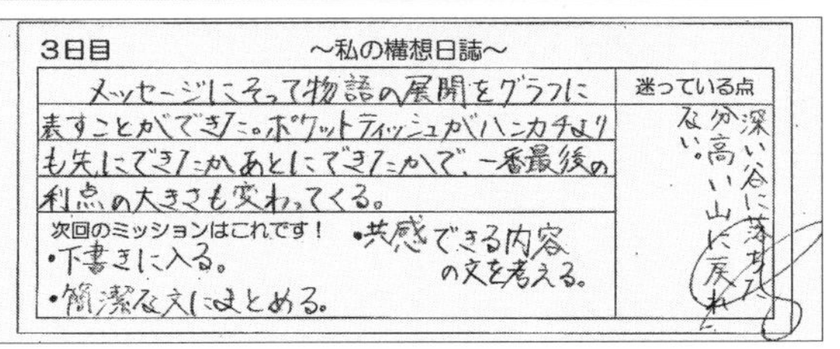
3日目　～私の構想日誌～

メッセージにそって物語の展開をグラフに表すことができた。ポケットティッシュがハンカチより先にできたかあとにできたかで，一番最後の利点の大きさも変わってくる。

次回のミッションはこれです！
・下書きに入る。
・簡潔な文にまとめる。
・共感できる内容の文を考える。

迷っている点
深い谷に落ちない。分高い山に戻れ

個人による課題解決が中心となる本単元の特性を考えたとき，生徒一人一人にとって必要感のある振り返りをさせることが重要であると考え，「構想日誌を書く」という方法をとった。右の資料は，「構想日誌」の一部である。左上の自由記述の欄には，本時の活動内容や気づいたことなどを書き込んでいる生徒が多かった。右の「迷っている点」の欄に書かれた内容は，次時の課題や活動内容の設定，また毎時取り入れている疑問解決のためのグループ活動へとつながっていった。

評価の工夫

【問題例】

【問題】「モノ」を主人公にした次の「物語」を読み，あとの問いに答えなさい。

消しゴムの相棒

消しゴムはその名の通り、
鉛筆で書いた文字を消すことが仕事である。
仕事を始めた当初、消しゴムは誇りを持って取り組んだ。
自分がいなければ、完成しない文章がある。
数々の文豪とともに後世に残る名作を生んだのも、
偉大な発明を支え、世の中を便利に変えたのも、
五線譜の上で数々の名作をつくりあげたのも、
もとはと言えばすべて自分のおかげだと思っていた。
しかし、活躍すればするほどカドはとれて丸くなり、
真っ白なカラダは黒みがかり、小さくなっていく。
なぜ、こんなに身を削ってまで働く必要があるのだろう。
そもそも、鉛筆が間違わずにきちんと書いてくれれば……。
毎日に嫌気がさして机の上に転がっていると、
鉛筆削りで身を削り、真っ黒な芯を鋭く尖らせて
もくもくと次の出番に備える鉛筆の姿が目に入った。

「二階堂よりみち物語」

1．次のア～カのうち，実際に「物語」に用いられている情報を２つ選び，記号で書きなさい。

ア「消しゴム」の消費量の変遷　　イ「消しゴム」の使用目的
ウ「消しゴム」の誕生秘話　　エ「消しゴム」の人気デザイン
オ「消しゴム」の使用上における形状の変化　　カ「消しゴム」の原料や作り方

2．「物語」の内容を表した次のア～オの付箋紙を，構成の順番に並べ替えなさい。

ア「消しゴム」の仕事に対する誇りや自信
イ「消しゴム」の仕事内容
ウ「消しゴム」の「鉛筆」に対する不満や怒り
エ「消しゴム」に気持ちの変化の予感
オ「消しゴム」の仕事に対する不満や迷い

3．作者は，どんな読み手を想定しながらこの「物語」を書いたと考えられますか。次の

ア～エから，もっともふさわしいと考えられるものを１つ選び，記号で答えなさい。

ア　自分の魅力に気がつけずにいる人

イ　流行や最新のものに流されてしまう人

ウ　ついつい愚痴が口をついて出る人

エ　人生に物足りなさを感じている人

４．あなたは，もし作者から次のような相談をされたとしたらどう答えますか。

【相談内容】
最後に「消しゴム」のつぶやきを書き足したいのだが，どんな言葉を入れたらいいか。

あなたがふさわしいと考えるつぶやきの言葉とそう考えた理由を，最後の場面における「消しゴム」の心情を踏まえて書きなさい。

【正答例】

１．イ・オ（順不同）

⇒主人公にした「モノ」に関する情報を集め，伝えたい事柄や相手に応じて用いる情報を選ぶという学習経験を生かして解く問題。

２．イ　→　ア　→　オ　→　ウ　→　エ

⇒付箋紙を用いて構成を工夫した学習経験を生かして解く問題。その他に，事前に順番を示し，作者がその順番にした意図を，伝えたい事柄や相手との関連を図りながら書かせたりする問題も考えられる。

３．ウ

⇒具体的に読み手を意識しながら情報を選んだり，構成や描写を工夫したりした学習経験を生かして解く問題。

４．つぶやきの言葉「情けない…」「おれもしっかりしなきゃ」

理　由「消しゴム」は，自分と同じ境遇にもかかわらず，愚痴も言わずに黙々と自分の仕事をこなす「鉛筆」の姿を見て，不満ばかり言っている自分を恥じるとともに，自分も鉛筆のように頑張ろうと改めて決意したと考えられるから。

⇒伝えたい事柄や相手，それにともなう場面の展開や「鉛筆」の描写を根拠に，「消しゴム」の心情を的確に捉え，適切な言葉を用いて表現する問題。下線が引かれている内容が入っているかがポイントとなる。

☆本単元における学習活動の特性上，単元の中で概ね評価は終えている。そのため，定期テストでは，本単元で身につけた力の定着を問う内容を中心に出題した。

（須賀　学）

【出典】『物語のある広告コピー』パイインターナショナル，2013年，p.115より「消しゴムの相棒」二階堂酒造㈲広告コピー（「二階堂よりみち物語」栄信一）

全4時間

3 1年生に向けて本を薦める「読書案内」を作ろう

―構成や展開，表現の仕方について自分の考えをもつ―

教材名：「世界で一番の贈り物」（光村図書），「二年一組のお薦め三十五冊」（光村図書）

● 単元のねらいと概要

1年生に向けて読書案内を作る学習である。前半は「世界で一番の贈り物」を全員で読み，本の魅力をどのように伝えていくかを学習する。お互いの感動を共有したり，一番心に残った場面を交流したりして，本の魅力に迫っていきたい。

後半は前半の学びを基に，それぞれが1年生に薦めたい本の読書案内作りに取り組む。本を薦める相手を単に1年生と捉えるだけでなく，「スポーツが大好きなあなたに」や「本を読んで泣きたい人へ」というふうに具体的なイメージをもって臨むことで，読書案内を読んだ1年生が，お薦めの本を手に取って読んでくれるようなアクティブな活動になるようにする。

● 指導事項と言語活動例

〈中心となる指導事項〉

ウ　文章の構成や展開，表現の仕方について，根拠を明確にして自分の考えをまとめること。

〈言語活動例〉

ア　詩歌や物語などを読み，内容や表現の仕方について感想を交流すること。

（ウ　新聞やインターネット，学校図書館等の施設などを活用して得た情報を比較すること。）

評価規準

ア　国語への関心・意欲・態度	イ　読む能力	ウ　言語についての知識・理解・技能
①1年生に本を紹介するために，様々な方法で情報を集め，進んで読書案内を作ろうとしている。	①構成や展開，表現の仕方の良いところに触れて自分の考えをまとめ，読書案内を作成している。（ウ） ②新聞やインターネット，学校図書館などを活用し，必要な情報を読み取って，自分の考えをまとめている。（オ）	①語句について辞書を用いて調べたり，読み手のことを意識して平易な言葉に置き換えたりしている。（イ（イ））

● AL の視点での授業改善のポイント

①　生徒が興味をもつ教材・題材と魅力的な導入（日常生活・社会生活との関連）

導入場面では，教科書の基となった絵本を画面に映して教師の読み聞かせを行った。まずはじっくりと目と耳で物語を味わい，その後で教科書の文字情報に入っていった。中学生への読み聞かせはあまり行われていないように思うが，ＣＤの範読よりもはるかに生徒を引きつける。

「世界で一番の贈り物」は，「僕」と「ジム」が目の前の人に語りかけるように書かれた物語である。読み聞かせにぴったりの作品と言える。

②　課題解決的な学習・既習事項を活用する学習

生徒たちは１年生の時にポップを作成し，そのポップが実際に書店や学校図書館で活用されるという経験をもつ。その中で，内容を正確に伝える大切さを学んでいる。また，共通の教材で一度学ぶことによって，課題を学級で共有し解決に向かう態勢が整うことになる。

〈考えさせたいこと〉対面しない相手に本を薦めるときにどんな本を選ぶべきか。またどんな工夫が必要か。

〈使わせたい既習事項〉本の内容を正確に伝える書き方。

③　学習の見通し，本時の目標の明示

単元全体のイメージをもって学ぶことが大切なことは言うまでもないが，今回は授業終了後の，「自分たちの作った読書案内を読んでいる１年生の姿」をイメージすることに力点を置いた。そうすることによって生徒たちの「先輩魂」に火がつき，学びの推進力になっていった。

④　自分の考えを発表・交流する機会

「世界で一番の贈り物」という共通教材を扱う段階では，内容を全員が把握しているので，共感的に交流を行うことができる。また，個々がそれぞれの本に取り組む段階では，互いに本の内容がわからないので，グループのメンバーが「紹介される人」としての役割を果たすことができる。グループ内の生徒の反応を見て，読書案内が本の選択に影響を与えることに気付いていった。交流は目的をしっかりもつことで活性化される。共有・発見・比較・吸収・発信など，今どんなことが交流の中で求められているのかをタイムリーに伝え，支援したい。

⑤　「できた」「わかった」の実感，「できたこと」「わかったこと」の振り返り

完成した読書案内は，１年生の教室へ届けられる前に一度，自分の学級の廊下に掲示される。仲間の多くの作品を前に，休み時間には，自分の工夫や改善したかった点を語る生徒もいれば，どの作品が優れているかといった談義が始まるグループもある。教師も積極的にお薦めの本を読んで評価を返していく。このように，他者との関わりの中から，学びを振り返り，達成感が得られるような仕掛けをつくりたい。ちなみに，この学習において生徒が一番達成感をもつのは，「先輩の読書案内がきっかけで，今あの本を読んでいます」という１年生からの評価が返ってきたときである。

● 単元指導計画（全４時間）

時間	学習活動	指導上の留意点	評価規準(記号)と評価方法［　］
1	「世界で一番の贈り物」を薦めるベストのひと言を考えよう。		
	● AL のポイント❶・❷・❹ ・単元全体のイメージをもつ。 ・お薦めのポイントを探すことを考えながら「世界で～」の読み聞かせを味わう。 ・自分の考えたお薦めのひと言をグループ内で交流する。	・読み聞かせの際は，絵本をなるべく大きく示すよう工夫したい。 ・１年生が読書案内を読む姿をイメージさせる。	イ①［ワークシート］
2	薦める本を決め，その本の情報を集めよう。		
	● AL のポイント❷ ・今までの読書生活を振り返り，１年生のときに読むべき本や，自分が最も感動した本は何かを考える。 ・学校図書館とコンピュータ室を利用して情報を集める。	・相手意識を明確にして情報を集めるよう促す。 ・集めた情報の中から読み手に訴えかけるものを吟味して選ぶ。	ア①［情報収集の様子］ イ②［情報を収集したメモや下書き］
3	１年生に本を薦める読書案内を作ろう。		
	・前時までの交流や情報収集を基に読書案内を作成する。	・情報源にあった言葉をそのまま使うのではなく，易しい言葉で言い換えたり，人名など読みにくいものにはふりがなをふるように指示する。	ウ①［下書き］ イ①［清書］
4	どんな読書案内が人の心を打つのだろうか。		
	● AL のポイント❹・❺ ・完成した読書案内をグループ→全体で交流する。 ・それぞれの読書案内のよい点や，自分が一番読みたいと思った読書案内を発表する。	・交流後，読書案内をジャンルごとにまとめてファイルし，１年生に渡す。	ア①［活動の様子］

● 本時の流れ（1／4時間）

（1）目標

題名や構成に着目して作品を味わおう。

（2）評価規準

構成や展開，表現の仕方の良いところに触れて自分の考えをまとめている。

（3）展開

学習内容・学習活動 （○発問，□指示）	時間	指導上の留意点と評価 （・留意点，※評価）
1．単元全体の流れをイメージする。 □1年生に本を薦める読書案内を作成する。 そのために，ふさわしい本を選び，本の情報を収集していく。どのように本を薦めるかを，「世界で一番の贈り物」を取り上げて学ぶ。 □1年生のときに行ったポップの学習を思い出し，この学習とのつながりを確認する。 ● ＡＬのポイント❷ ポップの作成で学んだ，情報を正確に伝えることの重要性や，言葉で人の心を捉える方法が今回の学習でも役立つことを理解する。	10	・自分の書いた読書案内を読んでいる1年生の姿をイメージさせたい。
2．本時の学習課題を確認する。 本時の学習課題 「世界で一番の贈り物」を薦めるベストのひと言は何か	5	
3．観点を理解する。 □プリント（後掲）を配付し，観点を確認する。 1　題名に込められた意味を説明する 2　引用して薦める 3　自分の言葉を駆使して薦める	10	

<table>
<tr>
<td>4．読み聞かせを聞く。
● ＡＬのポイント❶
読書の活動の導入場面なので，読み聞かせで教科書本文を範読する。読み聞かせはこの後，幼稚園訪問でも生徒が体験することになるので，社会生活とのつながりも視野に入れた。
□１年生に本を薦めることをイメージしながら，考える。
○「このお話にはどんな贈りものがあるか，なるべくたくさん探しましょう」
○「お話の中で一番心に響いたところを，教科書を見ながら引用しましょう」
○「自分の言葉で，このお話を薦めるひと言を書きましょう」</td>
<td>10</td>
<td>・観点に注意しながら読み聞かせを聞くことを確認する。
・絵本はなるべく大きく示したい。</td>
</tr>
<tr>
<td>5．上記の３点についてグループ内で交流する。
● ＡＬのポイント❹
「世界で～」は「夫婦の物語」「戦争の物語」「冒険の物語」など様々に読むことができる。また，絵本の絵の助けもあって，一読後でもたくさんの意見が出てくる。３つの項目のいずれかを切り口とすることで，発言の機会を増やしていく。教師は違いを際立たせたり，他の視点からも考えてみることを示唆したりして，どのグループも十分に交流が進むよう留意する。</td>
<td>10</td>
<td>・４人グループで交流する。
・読みの多様性が活かされるような話合いにしたい。
・グループ交流の中での新たな気づきをメモする。

※ワークシートや話合いの発言から，構成や展開，表現の仕方の良いところに触れて，お薦めのひと言を書いているかどうかを見る。</td>
</tr>
<tr>
<td>6．お薦めのひと言を再度吟味する。
（例）
・一番大きな贈り物を受け取ったのは誰でしょう。
・クリスマスの夜に送られた素敵なプレゼントは，百年前も今も同じ輝きに包まれています。
・意地悪な人やいやな人が，１人も出てこないお話です。温かいお話が好きなあなたに薦めます。</td>
<td>4</td>
<td></td>
</tr>
<tr>
<td>7．本時の振り返りをする。</td>
<td>1</td>
<td></td>
</tr>
</table>

● ALのポイント

ALのポイント① 原典の絵本の提示

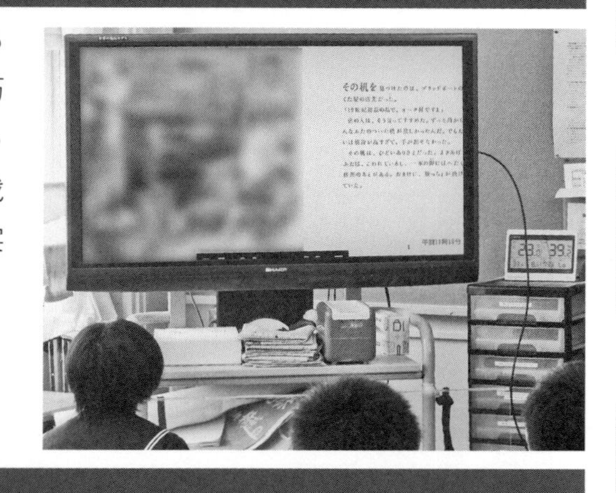

原典の絵本の絵を全て見せたいという思いからの読み聞かせである。現在－過去－現在という巧みな構成によって，最後まで息をつめて聞き入っていた。特に無人地帯を月が照らす場面では，戦争の中のつかの間の平和が，希有な存在として実感されたように感じられた。

ALのポイント④ 共通教材による交流

本の紹介をする場合，個人で活動する時間が多くなりがちである。特に何をどう紹介したらいいかというところでつまずくと，後がつらくなる。そこでこの単元では，共通教材で本を薦める方法をいくつか共有することで，個人の活動が進むよう工夫した。

世界で一番の贈り物

一年　組　番　氏名

1　このお話にはどんな贈りものがあるか、なるべくたくさん探しましょう

だれから	だれへ	何を
ジム	コニー	手紙
僕	コニー	手紙
ドイツ兵 ⇔	イギリス兵	つかの間の平和・クリスマス(歌)
僕	コニー	僕自身(ジム)
手紙	コニー	笑顔　幸福
スリッパをつっかけた男	僕	コニーさんにたどりつく手がかり
がらくた屋の人	僕	小さな冒険への入場券　↑おか

2　お話の中で一番心に響いたところを引用しましょう

場面　ジムの手紙の終わりのほう

引用　いとしいコニー。来年のクリスマスには，この戦争も，ただの遠い思い出話になっていることだろう。

3　自分の言葉で，このお話を薦めるひと言を書きましょう。

世界で一番の贈り物は，周囲の人のあたたかな心が作り出した最高のクリスマスプレゼントです。

4　グループの話し合いで心に残ったこと

・一年の授業でやった「塞翁が馬」を思い出した。(みの)

・たくさんの人が贈り物にかかわっている。(しお)↑いい!

・家族を避けていた僕が家族の良さに気付く物語(とも)

ALのポイント⑤ 達成感を味わう工夫

読書感想文をお互いに読み合う機会はあまりないし，生徒も喜ばない。ポップや読書案内は，字数が少ないこともあってか，読み合うことに抵抗が少ない。学級前に掲示すれば，他のクラスの作品を読むことができるし，実際に読書案内として機能することも珍しくない。完成した作品を多くの人に開くことによって，達成感を得たり，得たことを振り返ったりする場になる。

● 評価の工夫

【問題例】

A　お薦めのひと言について，授業で学んだことがしっかり書かれていますね。すてきです。

『としょかんライオン』

著者　作　ミシェル・ヌードセン　絵　ケビン・ホークス
　　　訳　福本友美子
発行年　二〇〇七年

としょかんライオン
ミシェル・ヌードセン さく　ケビン・ホークス え　福本友美子 やく

この本についての情報

作、絵の二人は共にアメリカ在住で、二人とも図書館が大好き。この本は『書店員が選ぶ絵本大賞』二〇〇七年に第一位に選ばれています。左下の英語版も学校図書館にあります。

お薦めのひと言

「たまには、ちゃんとしたわけがあって、きまりをまもれないことだってあるんです」決まりを大切に考える館長さんとライオン。それでもわけがあって、きまりを守れないことがあります。館長さんのためにきまりを破り、そして、図書館を去って行くライオンに、深い感動をおぼえました。

　読んだあとにさわやかな気持ちになりたい人に薦めます。また、弟や妹へのプレゼントにも最適です。

Library Lion
MICHELLE KNUDSEN　illustrated by KEVIN HAWKES

B　書名と著者名，発行年と発行所は必ず書こう

C

◎左は山田さんが書いた読書案内です。吹き出しに書いてあるのは，先生からの評価です。
これを見て，次の問いに答えなさい。

問１　Ａにある「授業で学んだこと」にあてはまるものをア～オから３つ選びなさい。

ア　物語の中から印象に残った一節を引用している。
イ　本についての情報を繰り返して書いている。
ウ　本を読んだときの自分の気持ちを書いている。
エ　多くの人に薦めるので，自分の感情を抑えている。
オ　どんな人に薦めたいかをはっきり書いている。

問２　先生がＢのアドバイスをしたのはなぜですか。簡潔に書きなさい。

問３　Ｃに入る先生の評価としてふさわしいものをア～エから１つ選びなさい。

ア　自分の思ったことや想像したことも書きましょう。
イ　本と著者の両方の情報が入っていていいですね。
ウ　著者に関する情報は不要ですのでけずりましょう。
エ　山田さんの読み取りが伝わってくる内容でした。

【正答例】

問１　アウオ

⇒「この本についての情報」には客観的な事実を書き，「お薦めのひと言」には，自分の思いを書くという授業で行った区別が理解されたかどうか確認する問題。

問２　発行所が書かれていないから。

⇒発行所を奥付から探せない生徒が少数いたことからの出題。ちなみに授業では，発行所を「株式会社　○○社」と書く生徒が複数いたので，株式会社を削除した。また，文庫については「○○文庫」と書いて，一年生が書店で本を探しやすいように配慮した。

問３　イ

⇒本についての情報は，調べた事実を正確に書くよう指導した。その見取りである。

（高橋　伸）

【出典】『としょかんライオン』ミシェル・ヌードセン作，ケビン・ホークス絵，福本友美子訳，岩崎書店，2007年

 全3時間

4 複数の情報を関連づけて「枕草子」の冒頭を読んでみよう

―古典を読んで作者の思いを想像する―

教材名：「枕草子」

● 単元のねらいと概要

平安時代の代表的な作品である「枕草子」を読むことで，当時の人々の生活の様子やものの見方や考え方について広げたり深めたりする。特に，四季に対する見方や考え方について理解するとともに，古典の世界に親しむことをねらいとした。例えば，「古今集」の和歌では，「春は桜」「夏は時鳥」「秋は紅葉」「冬は雪」を取り上げている歌が多いと説明している資料がある。この資料と「枕草子」の冒頭とを関連させて読むことにより，清少納言の感性について興味をもたせることを意図した。具体的には，音読を中心として，生徒自身の考える季節感と比べながら，清少納言や平安時代に生きた貴族たちの世界観を楽しませることを入り口とした。その後，随筆の特徴である筆者のものの見方や考え方について複数の資料を関連づけながら交流し，資料を根拠にして作品を書いた思いを想像することを目標とした。

現行の学習指導要領で小学校から古典に触れることになり，「枕草子」の冒頭についても多くの生徒が小学校時代に学習している。新たな課題を提示することにより，既習事項を活用しながら思考・判断・表現する学習が展開できる。

● 指導事項と言語活動例

〈中心となる指導事項〉

ア（イ）古典に表れたものの見方や考え方に触れ，登場人物や作者の思いなどを想像すること。

〈言語活動例〉

読むこと　ア　詩歌や物語などを読み，内容や表現の仕方について感想を交流すること。

評価規準

ア　国語への関心・意欲・態度	イ　読む能力	ウ　言語についての知識・理解・技能
①清少納言の季節感について，自分たちの生活と関連させながら想像しようとしている。	①作品に描かれた季節に対する見方や考え方を読み，自分の考えをもっている。（エ）	①作品に表れた季節に関するものの見方や考え方に触れながら，古典作品を読んでいる。（ア（イ））

● AL の視点での授業改善のポイント

① 生徒が興味をもつ教材・題材と魅力的な導入（日常生活・社会生活との関連）

本教材「枕草子」は，四季にふさわしい風情について書いた文章であり，現代にも共通する題材である。その作品の魅力を十分に引き出して学習に取り組ませるためには，生徒の見方や考え方と比べさせるだけではなく，その時代の人々，特に筆者，清少納言の見方や考え方を中心に考えさせることが重要である。特に四季に対する美意識は，当時の他の作品と清少納言が表現したものには違いがある。その違いについて考えさせる学習に取り組ませることで，古典を学習する価値を理解することにつなげることもできる。内容理解に偏るのではなく，その古典作品に描かれている思いや価値観について触れさせることが，生徒を引きつけるこつである。

② 課題解決的な学習，既習事項を活用する学習

小学校における古典の学習は音読を中心として，独特の言い回しに慣れたり，リズムを感じ取ったりしながら学習が進められてきている。生徒たちにとっては既習の内容であることから，そこで学んだことを活用しながら学習活動に取り組ませたい。そこで，自分の四季に対する考え方を交流させるだけでなく，随筆の特徴を生かし，清少納言と平安時代の人々との比較に着目する。特に，四季に対する考え方には異なる点があることから，「古今集」にある和歌の傾向と清少納言を取り巻く状況とを関連づけながら，その理由について考えさせる。

③ 学習の見通し，本時の目標の明示

本校では，単元を始める際には，単元全体と１時間ごとのめあてを板書し，学習全体の流れを生徒が見通せるようにしている。また，めあてについては学習の内容を示すだけでなく，「～ができる」という文末で，能力について示すようにしている。

④ 自分の考えを発表・交流する機会

交流を活性化させるためには，「人間関係」「話題の限定」「目的意識」が大切である。日常的にペアで交流したり，グループ学習を取り入れたりするなど話し合うことを習慣化するとともに，話題についても焦点化を図りながら提示することが大切である。また，交流活動について，「確認」「拡散」「収束」など，生徒に目的意識をもたせることも大切な要素である。交流活動後は，必ず態度と成果に対して評価を行い，認めほめることも忘れてはならない。それが，交流活動の活性化，生徒たちの意欲の継続につながる。

⑤ 「できた」「わかった」の実感，「できたこと」「わかったこと」の振り返り

毎時間行う振り返りの際には，能力について記述ができるような条件を提示する。実際には，ねらいと関連づけを意識させた上で，「学んだこと」「身につけたこと」「できるようになったこと」を書かせるようにする。また，必ず毎時間ノートを回収し，チェックを繰り返すことで学びを認めたりほめたりする機会を設ける。生徒たちは，見られていることを意識することから丁寧に整理されたノートの使い方ができるようにもなる。

● 単元指導計画（全３時間）

時間	学習活動	指導上の留意点	評価規準（記号）と評価方法［　］
1	作品に書かれた四季に対しての見方や考え方を読み取る。		
	● AL のポイント❸ ・時代背景を想起させながら，大まかな内容を読み取るとともに，生徒自ら課題を立てる。 ● AL のポイント❶ ・「春はあけぼの」と「冬はつとめて」を比較する。	・初発の感想に作品を通して追求したい課題を立てさせる。 ・２つの文章を比較することで，作品に書かれている内容を整理して読み取らせる。	ウ①［発言］［ノートの記述］
2	清少納言の四季に対する考え方について読み取る。		
	・自分の四季についてまとめ，四季に対するものの見方や考え方を理解する。 ● AL のポイント❹ ・自分の四季に対する考え方と清少納言の四季に対する考え方を比べ，気づいたことを交流する。	・四季を感じる語句には自分の経験が関係することを理解し，友達同士で交流させる。	ア①［交流の様子］
3	複数の情報を関連させながら清少納言の見方や考え方を読み取る。		
	● AL のポイント❷ ・四季について「古今集」と「摂関政治」とを関連付けながら課題をもち，友達と交流する。 ・「枕草子」の冒頭に込められた清少納言の思いを想像する。 ● AL のポイント❺ ・単元の振り返りをする。	・社会科の既習事項や百人一首の体験を想起させながら資料を読ませる。 ・「学んだこと」「できるようになったこと」を問うことで，能力の面についても振り返らせる。	イ①［交流の様子］［ノートの記述］

● 本時の流れ（1／3時間）

（1）目標

作品に書かれた四季に対しての見方や考え方を読み取る。

（2）評価規準

作品に表れた季節に関するものの見方や考え方に触れながら，古典作品を読んでいる。

（3）展開

学習内容・学習活動 （○発問，□指示）	時間	指導上の留意点と評価 （・留意点，※評価）
1．本時の学習課題を確認する。 本時の学習課題 枕草子冒頭の大体を読み取ろう。 □音読を通して，歴史的仮名遣いや古語について確認する。	10	・音読はゆっくりと読ませ，歴史的仮名遣いの部分は特に気をつけさせる。正確に読めない場合は，その部分を取り上げて再度確認する。
2．作品の大まかな内容を理解する。 ● AL のポイント❸ □清少納言，枕草子の文学史的な事柄の説明を聞き，時代背景を整理する。	10	・小学校での学習や社会科での学習と関連させながら，平安時代の政治体制，人々の暮らし方などについて理解させる。
3．四季と時間帯の組み合わせを読み取り，その違いを考える。 ● AL のポイント❶ □叙述から四季に合わせた時間帯を読み取り，表にまとめる。 ○「『あけぼの』と『つとめて』は，同じ時刻なのに表現を変えている。その理由について考えてみよう」 □枕草子冒頭から読み取ったことをまとめ，気づいたことを交流する。	20	・友達と交流する際には，自分の考えや経験とを比べさせる。 【予想される生徒の反応】 ・昔も季節に応じて美しく思うのは一緒だな。 ・平安時代の人は自然に対して親しみをもっていたんだな。 ・春と冬は同じ朝と言っているのに，言葉を変えているのはなぜかな。 ・「つとめて」は，言葉の意味とともに，現代でもお寺などの「おつとめ」とつながっていることを助言する。 ※ウ①［発言・ノートの記述］
5．学習の振り返りをする。 □学習課題に対する自分の考えを書く。	10	・振り返りでは，「学んだこと」「身につけたこと」「できるようになったこと」について自分の学習を振り返らせる。

本時の流れ（3／3時間）

（1）目標

複数の情報を関連させながら清少納言の見方や考え方を読み取る。

（2）評価規準

作品に描かれた季節に対する見本や考え方を読み，自分の考えをもっている。

（3）展開

<table>
<tr><th>学習内容・学習活動
（○発問，□指示）</th><th>時間</th><th>指導上の留意点と評価
（・留意点，※評価）</th></tr>
<tr><td>1．本時の学習課題を確認する。
本時の学習課題
筆者・清少納言の見方や考え方を深読みしてみよう。</td><td>10</td><td>・前時までの学習内容を確認する。
・「枕草子」冒頭を，文節を意識しながら音読する。
・複数の情報として以下の内容を示す。</td></tr>
<tr><td>2．四季について「古今集」「摂関政治」とを関連づけながら課題をもつ。
● AL のポイント❷
□違いがある理由について，資料を関連づけながら自分の考えをもつ。
○「平安時代の人々と清少納言とに違いがあるのはなぜだろう」
□少人数グループで交流し，その理由について考えを深める。</td><td>25</td><td>【古今集】和歌に描かれた四季と事物
春……桜　夏……時鳥
秋……紅葉　冬……雪
【摂関政治】清少納言を取り巻く状況
・中宮定子の家庭教師
・道長と道隆の政権争い
・ライバルである紫式部の存在
※イ①［交流の様子・ノートの記述］
・論理的に考えが導けるように「なぜ」「どうして」と質問し合うように助言する。</td></tr>
<tr><td>3．「枕草子」の冒頭に込められた清少納言の思いを想像する。</td><td>10</td><td>・表現されている物には必ずそこに作成者の意図が込められていることに触れ，清少納言の思いを深く読むように助言する。</td></tr>
<tr><td>4．単元の振り返りをする。
● AL のポイント❺</td><td>5</td><td>・単元を通して「学んだこと」「身につけたこと」「できるようになったこと」について振り返らせる。</td></tr>
</table>

● AL のポイント

AL のポイント①　ちょっとした違和感を切り口にして考えさせる

古典に親しんだり，関心を深めたり広げたりする場合，漫画やアニメ，ドラマなどの様々な表現方法に変えることで理解を促す試みは多く行われてきた。しかし，それらの手法は現代語訳を読むことと大差はない。学習者にとっては理解が容易になったとしても，遠く離れた別の世界のお話という認識から離れることができない。それは，古文で使われている語彙や言い回しにも原因があるとも考えられ，学習者にとって，古典は親しみのない「お話」となっている。

そこで，単に内容を理解するのではなく，そこで表現されている語彙に着目し，これまでとは異なるアプローチの方法を取り入れた。枕草子冒頭では，「春はあけぼの」「夏は夜」「秋は夕暮れ」「冬はつとめて」と，四季にふさわしい時間帯とともにその風景を取り上げて述べている。この四季のうち「あけぼの」と「つとめて」はそれぞれ「明け方」「早朝」と現代語訳で表記されている。言葉が違えば別のものという認識で素通りしてしまうこともできるが，いったん立ち止まって問題提起することにした。学習者にとって「同じ時間帯なのに言葉を変えている」という事実は，そこに何かしらの意図を読み取ろうとする。この能動的な思考が課題解決につながっていくことになる。

資料集を手に課題を追求する生徒

読み慣れた教材であったとしても，丁寧に読み取っていくことでそこに筆者や作者の意図がありありと見え，その意図に気づいたとき作品に対して，筆者に対して親しみがわき上がってくるのである。この学習を経て，学習者はちょっとした違和感を手がかりに意図を読み取るという経験を積み重ねることができ，それが第３時の学習課題をさらに充実させていくのである。

AL のポイント②　複数の資料を比べ読みさせる

教材研究が充実することによって様々な教材の魅力が見えてくる。その魅力に基づいて構成した授業は，生徒にとっても教師にとっても価値ある授業となる。そのために教材を様々な視点から検討する必要がある。枕草子冒頭では，清少納言が季節にふさわしいものを述べていくのだが，それが平安時代の他の人々と共通する美意識であったのかという小さな疑問が，より教材を深く考えさせるきっかけとなる。その小さな疑問をもたせることが主体的であり，かつ能動的な学習活動へとつながっていくのである。その際，これまでに発表された様々な研究論文に当たっていくのがよいだろう。「枕草子」に関する研究論文は多く存在する。その中でも，群馬大学の藤本教授の指摘はとても興味深い資料(注)である。藤本氏の論文では，「古今集」に収録された和歌を対象に平安時代の人々の美意識についてまとめている。それによると「春は桜」「夏は時鳥」「秋は紅葉」「冬は雪」を取り上げて読んでいる句が多く存在する。当時の知識人であった清少納言が，このことを知らなかったはずはないというのである。この事実を基にして，枕草子ではなぜ当時の人々と違った事物を取り上げたのかが疑問として取り上げられる。

また，社会科の学習と関連させることで，さらに考えを深めたり広げたりすることができる。平安時代の藤原氏を中心とした貴族たちが行った摂関政治。その渦中にあった清少納言について，中宮定子や，中宮彰子に仕えた紫式部との関係に着目させる。

この２つの資料と枕草子冒頭の役割（リード文としての機能）とをつなぎ合わせていくことで，様々な思惑が見えてくることがある。この学習体験を通して，生徒は課題を追求することによって新たな事実に気づき，考えを深めたり広げたりすることのおもしろさを体験的に理解することができるのである。

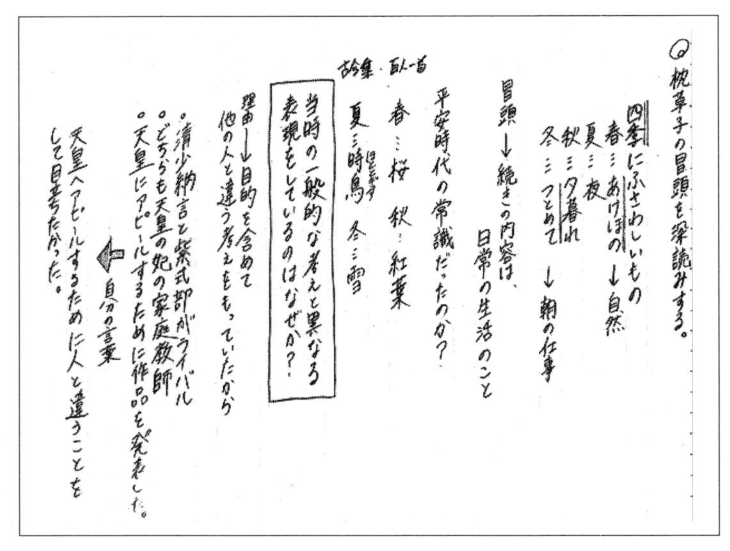

生徒のノート例（左側が課題に対する生徒の考え）

ALのポイント⑤　学習課題に対応した振り返りが次につながる

学習の「めあて」や「振り返り」を取り入れる際には，教師自身が授業で身につけさせたい能力や知識，技能について意識しておくことが不可欠である。また，学習者は何を目的に学んでいるのかを考えず，受動的な態度で授業に臨んでしまうことがある。そこで，目的意識をもって学習活動に取り組ませるために必要となってくるのが「めあて」である。この「めあて」を確認しながら授業を進めるとともに，授業の終末の段階で行う「振り返り」では，わかったことを記述させたり述べさせたりするのではなく，「めあて」と関連づけて指導することが大切である。その際，「学んだこと」「身につけたこと」「できるようになったこと」といった能力に関して振り返りができるように言葉かけをしていくことが重要である。

評価の工夫

【パフォーマンス評価例】

授業中の発言や交流の様子，ノートへの記述を参考として，第３時に次のように評価をした。

	Ａと判断する基準	Ｂと判断する基準
	複数の資料を関連づけたうえで，清少納言の意図（目的）を考えている。	複数の資料を関連づけ，その違いの理由を考えている。
授業中の発言の具体例	・清少納言は，自分たちの存在を目立たせて，紫式部に差をつけたかったのだと思う。 ・中宮定子の存在を天皇にアピールしようとしたと思う。	・違いを出すことで，作品に注目させようとしたと思う。 ・人とは違うことをアピールして，自分たちに注目を集めようとしたと思う。
ノートの記述の具体例	・自分たちに注目させるために，しっかりとした知識をもったうえで，少し変化をつけて表現した清少納言は賢いと思った。 ・枕草子は単なる随筆ではなく，清少納言の思いや考えが込められており，読ませるために書かれていることがわかった。	・平安時代の人たちと違ったことをすることで，目立たせようと考えていた清少納言はすごいと思った。 ・いろいろな資料を読み比べると，気づきがあっておもしろいと思った。

留意点として，根拠を明確に示すことを学習者には徹底したい。その際，根拠は必ず資料を基にしていることや，論理に矛盾がないことなどを少人数グループでの交流において十分に検討させることが大切である。また，授業の途中であっても，Ｂと判断する基準に達しない様子が見られた場合には，既習の内容（他教科の学習や自分の経験）などを活用しながら「なぜ」「どうして」と問いかけながら読むことができるように指導するとともに，論理的に考え課題に向き合えるように助言するとよいだろう。

アクティブ・ラーニングが重要視されている現在，適切な資料と課題解決に値する発問を教師自身がつくり出していくことで，より深い学びにつなげられるのであろう。

（坂爪新太郎）

（注）『〈新しい作品論〉へ，〈新しい教材論〉へ［古典編３］』前田雅之他著，右文書院，2003年，pp.147-168

話すこと・聞くこと　　全４時間

1　文化祭で販売する新商品を企画しよう

―互いの考えを生かして話し合う―

● 単元のねらいと概要

本単元は，新商品の企画会議をとおして，互いの考えを生かし合いながら話合いを行う能力を高める学習である。話題として設定したのは，本校ＰＴＡが文化祭で販売している「グローバル・カステラ」に続く新商品の企画である。単元末には，グループごとに作成した企画書を，教材提示装置を用いてスクリーンに投影し，プレゼンテーションを行う活動を設定した。

話合い（企画会議）は，次の Step を踏むことで，所期の目的を達成することを意図した。

Step１　現在販売されている商品の長所と短所とを分析する。〈課題の明確化〉
Step２　新商品について，自由にアイデアを出し合う。〈拡散的思考〉
Step３　課題を克服できる新商品を企画書にまとめる。〈収束的思考〉
＊ Step３において，自分と相手の考えの根拠や理由を比べて合意形成を図ることになる。

● 指導事項と言語活動例

〈中心となる指導事項〉

エ　話合いが効果的に展開するように，進行の仕方を工夫し，課題の解決に向けて互いの考えを生かし合うこと。

〈言語活動例〉

イ　社会生活の中の話題について，相手を説得するために意見を述べ合うこと。

評価規準

ア　国語への関心・意欲・態度	イ　話す・聞く能力	ウ　言語についての知識・理解・技能
①企画会議での話題に関心をもち，商品の企画に向けて積極的に話し合い，互いの意見や考えを生かそうとしている。	①商品の企画に向けて，より多くの発言を求めたり，意見の調整の仕方を提案したりするなど，話合いの進め方を工夫して話し合っている。（エ）	①建設的に話合いが進むよう，言葉遣いに注意している。（イ（ア））

● ALの視点での授業改善のポイント

① 生徒が興味をもつ教材・題材と魅力的な導入（日常生活・社会生活との関連）

本単元では，本校ＰＴＡが文化祭で販売している「グローバル・カステラ」に続く新商品の企画という話題を設定した。新商品の企画を行うにあたっては，現行商品のプラス面とマイナス面とを分析し，課題の克服を目指さなければならない。生徒の学校生活の中にある話題を選ぶことで，現行商品の現状分析をスムーズに行えるように配慮した。

② 課題解決的な学習，既習事項を活用する学習

本単元は，互いの考えを生かし合いながら話合いを行う能力を高めることを意図した学習である。本単元で育成する言語能力と関連する既習事項や学習経験を，生徒に意識させるために，第２時の導入で，既習教材である北川達夫『「文殊の知恵」の時代』の学習を振り返る時間を設けた（同氏の「不都合な相手と話す技術」(注) の一節を用いた学習を行っている）。また，既習事項を板書することによって，話合いの中で絶えず意識させる工夫も行った。

〈考えさせたいこと〉相手と意見が異なる場合の話合いの進め方。

〈使わせたい既習事項〉相手と考えが異なる場合，根拠や理由を比べて共通点を探すこと。

③ 学習の見通し，本時の目標の明示

単元の見通しについては，第１時の導入において全体像の説明を行っている。それと同時に，文化祭の写真や前年度の生徒の作品などを提示し，生徒に学習のゴールをイメージさせるようにした。また，複数時間連続で使用するワークシート（企画書）を作成し，毎時間の学習活動に，「つながり」があることを意識させている。本時の目標は，板書して生徒に示している。

④ 自分の考えを発表・交流する機会

本単元では，ほとんどの学習活動が話合い（企画会議）である。考えを交流して深めていくためには，課題のよりよい解決に向けて，プランニングを修正する時間を保障する必要がある。

本単元では，第３時にプレゼンテーションのリハーサルを通して，企画書を修正する時間を設けている。ワークシート（企画書）の中に，よりよく課題解決をするためのいくつかの条件を盛り込む工夫を行っている。これは，生徒が，自分たちが立てた計画や考えを何度も見直しながら，よりよいものにしていくためのものである。試行錯誤の時間は，モチベーションの持続・向上にもつながる。

⑤ 「できた」「わかった」の実感，「できたこと」「わかったこと」の振り返り

毎時間の振り返りは，相手に伝えることが大切である。本単元では，毎時間の終わりに，「その時間で身につけたこと」を200字原稿用紙に書き，ペアで確認する時間を設けている。単元末には，学習活動を振り返りながら，一定量の文章を書くことにしている。いずれの場合においても，相手に伝えることで身につけた力を自覚的に捉えさせている。

● 単元指導計画（全４時間）

時間	学習活動	指導上の留意点	評価規準(記号)と評価方法［　　］
1	本時の中心となる学習課題：新商品のアイデアを出し合おう！		
	● AL のポイント❶ ○本単元の狙いと学習の流れを示す。 ○「グローバル・カステラ」の長所と短所を分析する。〈課題の明確化〉 ○グループごとに，新商品のアイデアを出し合う。〈拡散的思考〉	・自由にアイデアを出すためにブレーンストーミング，思考の跡を視える形で残すためにマッピング・コミュニケーションの手法を用いる。	ウ①［話合いの観察］
2	本時の中心となる学習課題：新商品の企画書をつくろう！		
	● AL のポイント❷・❸ ○アイデアの中から，現在の商品の短所を克服する新商品を決める。〈収束的思考〉 ○グループごとに，新商品の企画書を作成する。	・既習事項との関連を意識させ，学びに連続性をもたせる。 ・使わせたい既習事項は，黒板で「みえる化」し，机間指導に生かす。	イ①［話合いの観察］
3	本時の中心となる学習課題：リハーサルをとおして，企画書を完成させよう！		
	● AL のポイント❹ ○新商品のプレゼンテーションに向けたリハーサルを行う。 ○適宜，企画書を修正する。	・学習のゴールに向けて，生徒が試行錯誤する時間を保障する。	イ①［話合いの観察］［企画書の内容の分析］
4	本時の中心となる学習課題：新商品のプレゼンテーションをしよう！		
	● AL のポイント❺ ○教材提示装置を用いて，企画書をスクリーンに投影する形で，新商品のプレゼンテーションを行う。 ○本単元全体の振り返りを行う。	・単元の振り返りでは，身につけた力についての一定量の文章を書き，相互交流を行う。	ア①［プレゼンテーションの観察］［振り返りの記述の分析］

● 本時の流れ（2／4時間）

（1）目標

「グローバル・カステラ」を超える新商品の企画書をつくろう！

（2）評価規準

商品の企画に向けて，より多くの発言を求めたり，意見の調整の仕方を提案したりするなど，話合いの進め方を工夫して話し合っている。

（3）展開

学習内容・学習活動 （○発問，□指示）	時間	指導上の留意点と評価 （・留意点，※評価）
1．本時の学習課題と学習活動を確認する。	5	
本時の学習課題 互いの考えを生かし合いながら，「グローバル・カステラ」を超える新商品の企画書をつくろう！		
2．既習事項や学習経験との関連を確認する。 ● AL のポイント❷ ○「本時は，アイデアの中から新商品を決定していきます。意見が対立したとき，どうしたら互いの考えを生かし合えるか覚えていますか？」	5	・既習教材・北川達夫『「文殊の知恵」の時代』の学習ノートを確認させる（同氏の「不都合な人と話をする技術」の一節を用いた学習を行っている）。
3．既習事項を黒板にまとめ，学習の構えをつくる。 【板書例】	5	

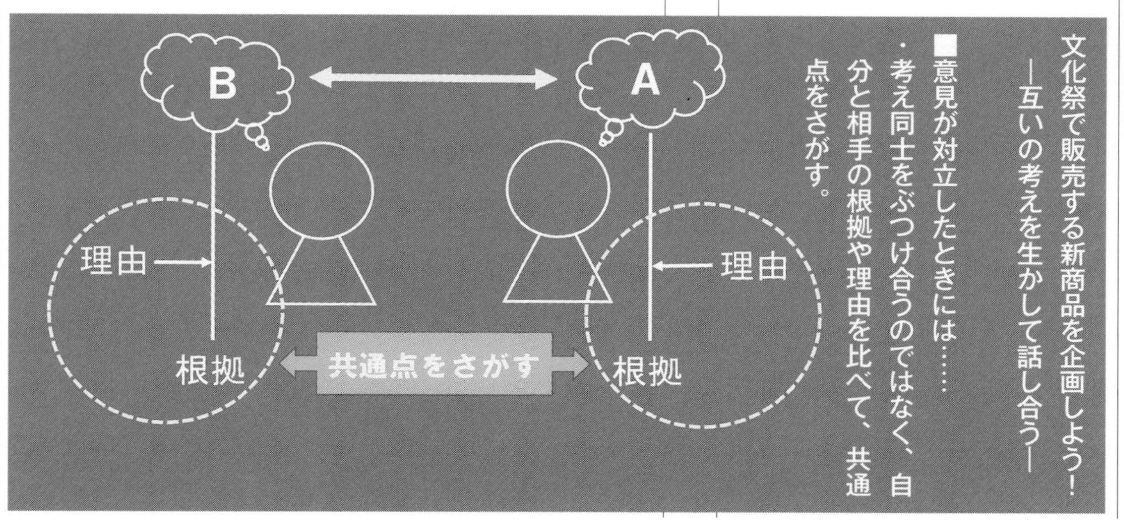

4．前時に出し合ったアイデアの中から，新商品として提案するものを決定する。

10

● AL のポイント❸

□「意見が対立したときには，黒板を絶えず確認してください。互いの考えを生かし合いながら，新商品を決定し，企画書を作成しましょう」

・話合いの中で意識させるポイントを黒板に示し，いつでも参照できるようにしておく。

【生徒に配付したワークシート】

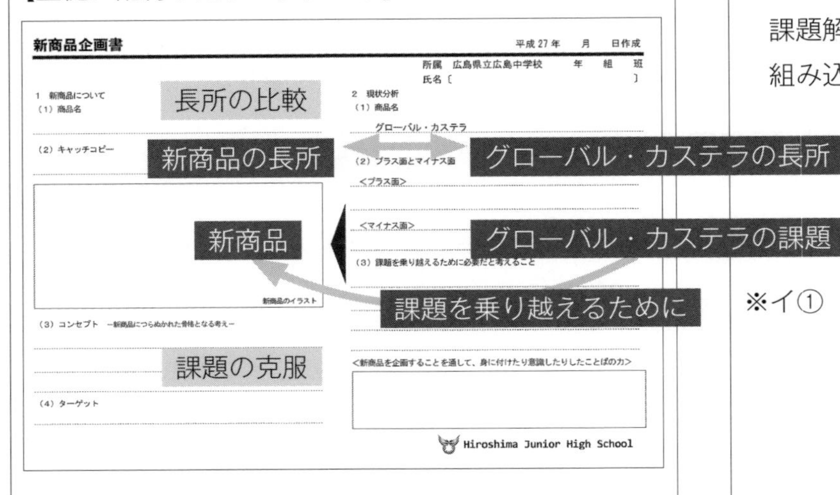

新商品企画書

平成 27 年　月　日作成

所属　広島県立広島中学校　年　組　班

氏名〔　〕

1　新商品について

（1）商品名

（2）キャッチコピー

新商品のイラスト

（3）コンセプト　―新商品につらぬかれた骨格となる考え―

（4）ターゲット

2　現状分析

（1）商品名

グローバル・カステラ

（2）プラス面とマイナス面

<プラス面>

<マイナス面>

（3）課題を乗り越えるために必要だと考えること

<新商品を企画することを通して、身に付けたり意識したりしたことばの力>

Hiroshima Junior High School

・ワークシート（企画書）に，課題解決の条件となる要素を組み込み，話合いが本筋からぶれないようにする。

※イ①［話合いの観察］

5．新商品として提案するものが決まったグループから，企画書を作成する。

20

□「提案する新商品が決定したグループから，企画書を作成しましょう」

・机間指導において，企画書に組み込まれた課題解決の条件をクリアしているかどうかを確認する。

6．本時の学習のまとめを行うとともに，次回の学習の予告を行う。

5

● AL のポイント❷

○「黒板に書いてあるように，『互いの考えを生かし合いながら話し合うこと』ができましたか。隣の人と，確認し合いましょう」

・身につけたり，強化されたりした言語能力を，ペアで確認させる。

□「次回は，リハーサルをとおして，新商品の企画書を完成させます」

● AL のポイント

AL のポイント②　本単元で育成する言語能力と，既習事項やこれまでの学習経験をつなぐ

企画会議では，自分と相手の考えが異なったとき，考えをぶつけ合うのではなく，それぞれの考えの理由や根拠を比べて，共通点を探すことの大切さを指導した。

「本時の流れ」では，北川達夫『「文殊の知恵」の時代』での学習との関連を示した。この他にも，図のような既習事項や学習経験との関連が考えられる。

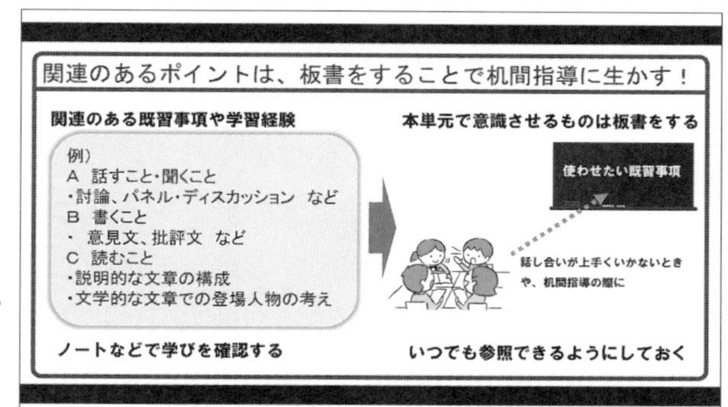

大切なのは，ノートなどで既習事項を確認した後に，本単元で「使わせたい既習事項」を黒板で「みえる化」しておくことである。こうすることによって，「話合いが上手くいかなくなったとき」に，生徒自身がポイントを確認することができ，教師の机間指導も充実する。「振り返り」も，板書されたポイントを意識したものになる。

なお，関連のある既習事項や学習経験を生徒に示すためには，教師が，育成する言語能力の体系を年間指導計画などで整理しておくことが重要である。

AL のポイント③　よりよい課題解決に向けた条件をワークシート（企画書）に盛り込む

思考力や判断力を高めるためには，生徒が，自分の考えを見直し，よりよいものを模索することが必要である。

本単元で用いたワークシート（企画書）は，次のような工夫をした。

① 「グローバル・カステラ」のプラス面とマイナス面を分析させる。

② マイナス面を克服する新商品を企画する。

③ 「グローバル・カステラ」と新商品とのプラス面を比較する（新商品のプラス面が大きい方がよい）。

生徒が作成したワークシート（企画書）

新商品企画書　　平成 27 年 2 月 23 日作成

所属　広島県立広島中学校　　年　組　班
氏名〔　　　　〕

1 新商品について

(1) 商品名
グローバル・ポップコーン

(2) キャッチコピー
ポップにはじけて 世界へ飛び立て！

紙コップ
紙
※同じ大きさです…。
新商品のイラスト

(3) コンセプト ―新商品につらぬかれた骨格となる考え―
味…キャラメル，うす塩 の2種類 ← うす塩…日本 キャラメル…外国
パッケージ…正面には校章 裏には，色々な国の国旗 ← 外国と日本と関わり
値段…100円 ← 色々な人に買ってもらう

(4) ターゲット
文化祭に来る子供（生徒も含む）

2 現状分析

(1) 商品名
グローバル・カステラ

(2) プラス面とマイナス面
<プラス面> 外国と日本を上手に融合していると，思う。
<マイナス面> その場ですぐ食べるのが，難しく，生徒が買いにくい値段。

(3) 課題を乗り越えるために必要だと考えること
。お手ごろな値段で，生徒にも買えるようにする。
。その場で食べれるように，簡単なパッケージにする。
。味の種類を増やす。

<新商品を企画することを通して，身に着けたり意識したりしたことばの力>

Hiroshima Junior High School

このように，よりよい課題解決に向けた条件をワークシートに盛り込むことは，生徒に試行錯誤をさせることになり，思考力や判断力などを高めていくことにつながる。

● 評価の工夫

【リスニング問題例】

【放送する内容】

これから放送を聞いて答える問題を始めます。問題用紙を見てください。

中学生の鈴木さんは，図書委員長をしています。図書委員会では，毎月のテーマを決めて，学校図書館の入り口に本の展示を行っています。

放送する内容は，10月の本の展示の企画について，９月の図書委員会での話合いの一部です。それぞれの考えの根拠や理由付けに注意して聞きましょう。問題は，３問出します。メモを取りながら聞いても構いません。それでは始めます。

【問題用紙に示しておく学校図書館の入り口の本の展示の写真とこれまでの展示のテーマ】

■学校図書館の入り口の本の展示

■毎月の展示のテーマ

月	テーマ
4	新入生にオススメの本
5	スポーツの感動を伝える本
6	絵本の魅力を伝える
7	夏休みに読みたい日本の文学
9	先生方のオススメの本

鈴木　10月の本の展示の企画。「読書の秋」にふさわしいテーマがいいと思うんだ。高橋くんは，何かいいアイデアがある？

高橋　鈴木さんの言うとおり，「読書の秋」にふさわしいものがいいよね。「世界の文学を読もう！」というのは，どうかな？　４月からの展示を見ていると，日本の作品が多かったと思うんだ。だから，今度は「世界の文学」。『若草物語』などの本を展示するといいと思うんだけれど。佐藤さんは，どう思う？

佐藤　私は，「日本の古典を知ろう！」というテーマが面白いと思う。４月から展示された本は，現代の作品が多かったと感じるしね。それに，11月１日は，古典の日でしょう。

鈴木　高橋くんと佐藤さんは，「世界の文学」や「日本の古典」が，どうして読書の秋にふさわしいテーマだと考えるの？

高橋　読書の秋は，これまで読んだことのないジャンルの本を読んで，読書の幅を広げたいよね。だから，「世界の文学」をテーマにして，文字通り読書の世界を広げるという感じかな。７月のテーマは，「日本の文学」だったしね。

佐藤　読書の秋は，新しい本の世界をひろげられるものにしたい。『平家物語』の教科書以外の場面を現代語訳で読むと，古典の新しい魅力を知ることにつながると思うんだ。
鈴木　２人の考えには，「新しい読書の世界を広げる」という共通点があるみたいだね。

それでは，問題に移ります。
問題１　佐藤さんは，４月から展示された本について，どのような印象をもっていますか。10字程度で書きなさい。
問題２　鈴木さんが，話合いを進める上で工夫していたのは，どのようなことですか。次のアからエまでの中から最も適切なものを選びなさい。
　ア　出されたアイデアを，黒板にまとめながら質問している。
　イ　出された意見について，その理由を具体的に聞いている。
　ウ　自分と異なる考えの人に，その理由を具体的に説明させている。
　エ　自分と同じ考えの人に，発想を変えたアイデアを考えさせている。
問題３　あなたが，鈴木さんなら，この後，次のＡ・Ｂのどちらの発言をしますか。次の条件１・２・３にしたがって書きなさい。
　Ａ　それぞれの考えにそって，展示したい本を，もっと具体的に言ってみようよ。
　Ｂ「本の世界を広げる」というテーマで，２か月連続の企画にしたらどうかな？
　〈条件１〉　Ａ・Ｂのどちらを選ぶのかを，理由とともに書くこと。
　〈条件２〉　３人のこれまでの話合いの内容にふれて書くこと。
　〈条件３〉　80～100字で書くこと。
これで，放送を聞いて答える問題を終わります。

【正答例】
問題１　現代の作品が多かった。（11字）
問題２　イ
問題３　（正答例１）　私は，Ａを選びます。佐藤さんと高橋くんは，まだ１冊ずつしか本を示していないので，もう少し具体的に本の名前を出してもらうことによって，他にも共通する部分を考えてみたいと思うからです。（90字）
（正答例２）　高橋くんと佐藤さんの考えは，「新しい読書の世界を広げる」という共通点があり，「読書の秋」にふさわしいものです。２人の考えを生かす形で学校図書館の展示を実現させたいので，私はＢを選びます。（93字）

（積山昌典）

（注）『不都合な相手と話す技術』北川達夫著，東洋経済新報社，2010年
　同書の「戦うコミュニケーションはもう古い」を用いて，意見が対立したときの対話についての学習を行っている。

書くこと

全５時間

２　私たちのことを教えます！知りたい大人のための１枚説明書を作ろう

―資料を適切に引用して，説得力のある文章を書く―

● 単元のねらいと概要

平成24年度全国学力・学習状況調査の国語Ｂ２では，デジタルカメラの使用説明書を祖母向けにわかりやすく書き換える場面が設定されている。設問三は，祖母向けの説明書の下書きを条件に従って書くというものだが，正答率は69.2％であり，資料に書かれている内容を正しく捉えたうえで，伝えたい事柄を明確に書くことに課題が見られた。

このことを踏まえて構想したのが本単元である。大人に知っておいてほしいことや大人が知りたいことをもとに説明書のテーマを設定し，１枚の中で説得力のある文章を書く学習である。

説得力のある文章を書くためには，文章の構成を工夫し順序立てて結論に導くこと，また自分の考えを裏づける資料やデータを適切に引用することが大切である。

１枚説明書は，１つの課題につき２グループで取り上げ，発表の際には同じテーマを比べることで，論理の展開の仕方や表現の仕方について比較しながら考えを深められるようにした。

● 指導事項と言語活動例

〈中心となる指導事項〉

イ　論理の展開を工夫し，資料を適切に引用するなどして，説得力のある文章を書くこと。

エ　書いた文章を互いに読み合い，論理の展開の仕方や表現の仕方などについて評価して自分の表現に役立てるとともに，ものの見方や考え方を深めること。

〈言語活動例〉

イ　目的に応じて様々な文章などを集め，工夫して編集すること。

評価規準

ア　国語への関心・意欲・態度	イ　書く能力	ウ　言語についての知識・理解・技能
①世の中の様々な説明書を参考に，１枚説明書という形態に関心をもち，論理的な文章を書こうとしている。	①関連したデータや図表を効果的に使用しながら，１枚説明書を書いている。（イ） ②１枚説明書を用いた発表を聞き，論理の展開や表現の仕方についての評価をワークシートに書いている。（エ）	①専門用語を必要に応じて解説し，敬語を適切に使用しながら書いている。（イ（ア））

● AL の視点での授業改善のポイント

① 生徒が興味をもつ教材・題材と魅力的な導入（日常生活・社会生活との関連）

自立に向けて大人への一歩を踏み出すのが中学校３年生の時期である。そんな中で，「今どきの中学生は･･･」と大人から決めつけられることに違和感を覚える生徒も多い。その違和感やずれから学習課題を設定する。導入では「大人が知りたいと思っていること」「大人に知っておいてほしいこと」を想起させ，問題意識を充分に高めさせる。また教師が作成した１枚説明書モデルを見せ，一枚で説明することのイメージをつかませた。

② 課題解決的な学習，既習事項を活用する学習

言語活動例のとおり，生徒は１年次に図表などを用いた記録の文章を，２年次には多様な考えができる事柄について立場を決めて意見を述べる文章を書いている。記録文では，読むことと関連づけながら，図表のわかりやすさを学習し，意見文では，自分の立場を明確にして構成を工夫しながら論じていくことを学んでいる。今回は書くことの集大成として，１・２年次に学習したことを活用しながら１枚説明書に取り組ませた。

〈考えさせたいこと〉主張が相手に伝わるような，構成や図表などの工夫の仕方。

〈使わせたい既習事項〉図表の用い方に関する知識，立場を明確にした論理の展開の仕方。

③ 学習の見通し，本時の目標の明示

学習の見通しについては，単元計画を一覧できるように印刷して配布した。本時の目標に対する振り返りを書く欄も単元計画に設け，毎時間授業の終末に短時間で本時の目標に対する自分の成果や取り組みを振り返らせるようにしている。

また活動の流れや手順などは板書とは別に拡大をし，常に生徒の目に見える位置に掲示しておくことで，生徒が活動の進め方で迷わないようにした。

④ 自分の考えを発表・交流する機会

第１時では，グループで「大人が知りたいこと」「大人に知らせたいこと」についてブレーンストーミングを用いて考えさせた。学習課題の設定段階においては大いに試行錯誤させたい。

また第４時では，互いの説明書の下書きを用いて交流する時間を設けた。その際，交流ワークシートに「下書きをしていて困っていること，アドバイスしてほしいこと」を記入する枠を設け，自信のない生徒も他者にアドバイスができるように工夫した。

⑤ 「できた」「わかった」の実感，「できたこと」「わかったこと」の振り返り

毎時間の振り返りは，短時間でも必ず行い，自己を内省する習慣を作ることを第一義とする。

単元の振り返りでは，充分な時間をとって今までの学習記録の見直しをさせ，「どういう力を伸ばしたのか」「今後どういう場面で生かしていきたいか」「満足いく点と足りない点はどういうことだったのか」の３点についてじっくり書かせた。完成した１枚説明書は保護者などの大人に見せ，感想を直筆で書いてもらうようにし，伝わったかどうかの検証も行った。

● 単元指導計画（全５時間）

時間	学習活動	指導上の留意点	評価規準（記号）と評価方法［　］
1	**１枚説明書のテーマを設定する。**		
	● AL のポイント❶・❸ ○学習のねらいや進め方をつかむ。 ● AL のポイント❹ ○大人が知りたいと思っている事柄について学級で出し合い，各グループで説明書のテーマを決める。	・教師作成のモデルを見せ，１枚説明書のイメージをつかませる。 ・ブレーンストーミングを用いて，少人数でアイデアを自由に出させる時間をつくり，課題に対する全員の意識づけを行う。	ア①［交流の様子］
2・3	**テーマに関する情報を収集し，構成を工夫する。**		
	● AL のポイント❷ ○各自で情報を収集し，内容を整理する。 ● AL のポイント❷ ○１枚説明書の下書きをする。	・データや図表は課題に対する自分たちの実態が伝わるものを選択・作成させる。 ・１，２年次の記録文・意見文で学習したことを想起させる。	イ①［１枚説明書の下書き，観察］ ウ①［１枚説明書の下書き，観察］
4	**下書きを用いて交流する。**		
	● AL のポイント❹ ○互いの説明書の下書きを用いて交流する。 ○アドバイスをもとに修正を加え，清書する。 ○グループで代表の１枚を選ぶ。	・以下の観点で交流させる。 □伝える情報の内容，順序は適切か。 □データや図表は，説明をわかりやすく伝えるために効果的に使用されているか。 □読み手に対して適切な言葉遣いであるか。 ・上の観点を基準にする。	イ①［１枚説明書の下書き，観察］
5	**発表を比較し，評価する。**		
	● AL のポイント❹ ○説明書をスクリーンに映しながら説明する。 ● AL のポイント❺ ○単元の学習を振り返る。	・発表では内容の説明もしながら，１枚説明書を作成するうえで工夫したことも述べさせる。 ・できた点だけでなく，足りなかった点にも言及させる。	イ②［ワークシート］

● 本時の流れ（5／5時間）

（1）目標

1枚説明書を用いた発表を聞き，論理の展開や表現の仕方について，自分の考えをもつことができる（読むこと）。

（2）評価規準

1枚説明書を用いた発表を聞き，論理の展開や表現の仕方についての評価をワークシートに書いている。

（3）展開

学習内容・学習活動 （○発問，□指示）	時間	指導上の留意点と評価 （・留意点，※評価）
1．本時の学習課題を確認する。 本時の学習課題 代表者の発表を比較し，論理の展開や表現の仕方について評価する。 ● AL のポイント❹－1 どんなことを目的として発表をするかを全体に伝え，発表者と聞き手の焦点を絞らせる。 □代表者は1枚説明書をもとに発表するが，その内容の説明に合わせて，作成する上で工夫した点や気をつけたことなども述べること。	5	 ・発表の流れや発表中の評価の観点は板書とは別に拡大し，見える位置に置く。
2．代表者①は発表をする。聞き手は観点に沿って発表を聞き，評価する（3分・1分）。 ● AL のポイント❹－2 同じテーマを比較することで，論理の展開や表現の仕方に対する見方を深めさせる。	5	・聞き手の観点は以下のとおり。 ○伝える情報の内容や順序の適切さ。 ○データや図表の効果的な使用の仕方。 ○読み手を意識した表現の仕方。 ・生徒には事前に代表者の1枚説明書を印刷して配付しておく。
3．同一のテーマで説明書を作成した代表者②の発表を聞き，評価する（3分・2分）。	5	※ウ②［ワークシート］ 観点に沿って評価するとともに，代表者①②の発表を比較してわかったことまで書けているかを机間指導によって見取り，できていなければ支援する。

4．比較してわかったことを発表する。　5

○「比較してわかったことはどんなことですか」

実際の発表の様子
代表者①「中学生のおこづかい」
代表者②「親子で考えよう！子供の経済事情」

・「構成で比較してみると①さんは，一般的な中学生のおこづかいの金額とクラスの生徒にアンケートをとった結果を比較し，さらにお小遣い金額の変遷を紹介している。一方②さんは，おこづかい事情に付け加えて，日本人の平均所得を載せることでお金を出す親の負担にまで言及することができている」
・「２人とも『子供の小遣い額』という，小学生から大学生までの金額を表したデータを使っているが，おこづかいをアップさせたい①さんは縦棒グラフを使って差をはっきりとさせ，おこづかい額の増加を訴えているのがおもしろい。それに比べて②さんは高校生と大学生の数字だけを取り上げて解説していて，これからの自分たちがどんなことでお金を使いそうかを予想している」

5．別のテーマの代表生徒の発表を聞き，聞き手は観点に沿って評価する。　5

（前述の２～４を別のテーマで繰り返す）

その他のテーマ例
「わかってほしい，私たちの本音」
「知ってほしい，今どきのファッション」
「私たちの“ＬＩＮＥ”は危険！？」
「中学生の睡眠事情」
「頑張る私たち！」

● AL のポイント❺

単元の振り返りは，充分時間をとって今までの学習記録の見直しをさせながら取り組ませる。

6．単元を振り返る。　15

7．振り返りを発表する（意図的指名）。　10

・大きなテーマから何を伝えたいかということを考え，それをいかにして伝えていくかという構成や表現の工夫をする力がついたのではないかと思います。今回の発表で大きく感じたのは事実（データ）の表現の仕方です。同じデータを表すにしても，数多くのグラフなどの種類が存在し，それぞれのグラフがもつ特徴があり，書き手の表現をよい方向へもっていくために試行錯誤することが大切だと思いました。

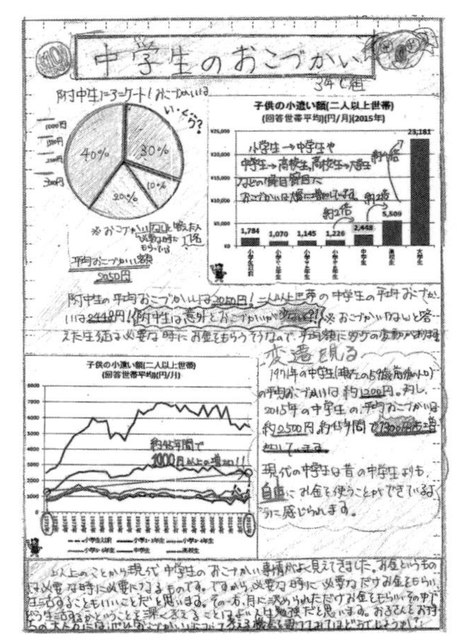

▲代表者①の１枚説明書

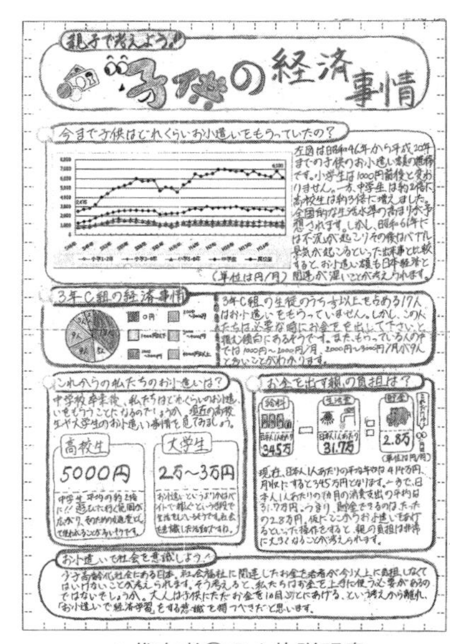

▲代表者②の１枚説明書

○この学習が自分のどういう力を伸ばしたのか。
○今後どういう場面でその力を生かしていきたいのか。
○今回の学習において自分で満足いく点と足りない点はどこか。

● AL のポイント

AL のポイント①・② ブレーンストーミングを用いて自ら課題を設定する

課題設定で生徒を大いに試行錯誤させることが，その後の学習への意欲づけにつながる。まず，グループ会議でブレーンストーミングを行い，問題意識の喚起を促した。はじめは「恋愛事情」なども出てきたが，条件に照らし合わせて話合いをするうちに淘汰された。その過程でいいものを作りたいという気持ちも高まっていった。その後学級で全体会議を行ったが，生徒に課題設定をさせる時は，教師が事前に課題を予測し，どのテーマなら１枚説明書の条件をクリアできそうかを判断しておくことが大切である。

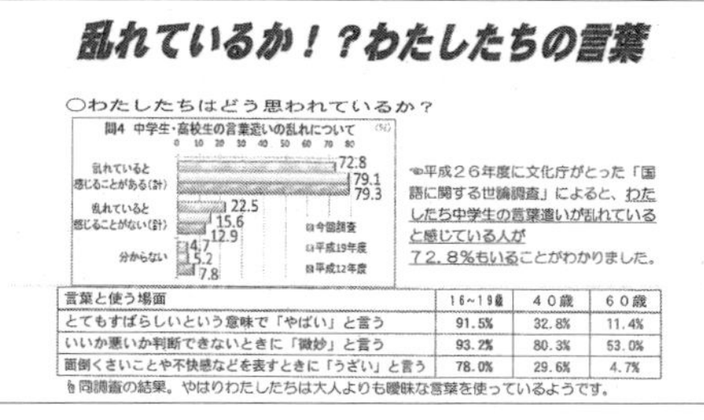

乱れているか！？わたしたちの言葉

○わたしたちはどう思われているか？

平成２６年度に文化庁がとった「国語に関する世論調査」によると、わたしたち中学生の言葉遣いが乱れていると感じている人が７２．８％もいることがわかりました。

言葉と使う場面	16～19歳	４０歳	６０歳
とてもすばらしいという意味で「やばい」と言う	91.5%	32.8%	11.4%
いいか悪いか判断できないときに「微妙」と言う	93.2%	80.3%	53.0%
面倒くさいことや不快感などを表すときに「うざい」と言う	78.0%	29.6%	4.7%

同調査の結果。やはりわたしたちは大人よりも曖昧な言葉を使っているようです。

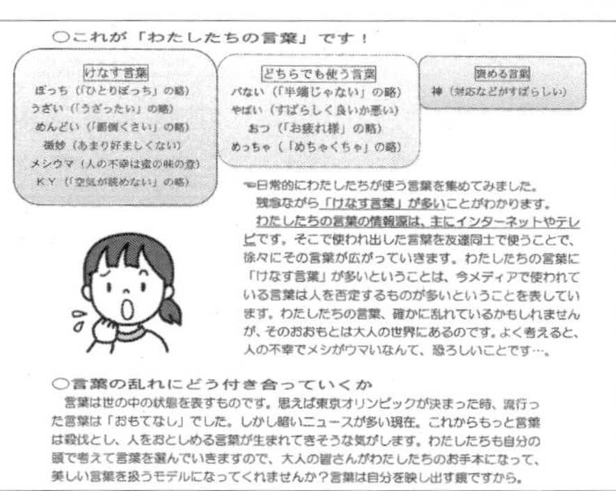

○これが「わたしたちの言葉」です！

けなす言葉
ぼっち（「ひとりぼっち」の略）
うざい（「うざったい」の略）
めんどい（「面倒くさい」の略）
微妙（あまり好ましくない）
メシウマ（人の不幸は蜜の味の意）
ＫＹ（「空気が読めない」の略）

どちらでも使う言葉
パない（「半端じゃない」の略）
やばい（すばらしく良いか悪い）
おつ（「お疲れ様」の略）
めっちゃ（「めちゃくちゃ」の略）

褒める言葉
神（対応などがすばらしい）

日常的にわたしたちが使う言葉を集めてみました。
残念ながら「けなす言葉」が多いことがわかります。
わたしたちの言葉の情報源は、主にインターネットやテレビです。そこで使われ出した言葉を友達同士で使うことで、徐々にその言葉が広がっていきます。わたしたちの言葉に「けなす言葉」が多いということは、今メディアで使われている言葉は人を否定するものが多いということを表しています。わたしたちの言葉、確かに乱れているかもしれませんが、そのおおもとは大人の世界にあるのです。よく考えると、人の不幸でメシがウマいなんて、恐ろしいことです…。

○言葉の乱れにどう付き合っていくか

言葉は世の中の状態を表すものです。思えば東京オリンピックが決まった時、流行った言葉は「おもてなし」でした。しかし暗いニュースが多い現在。これからもっと言葉は殺伐とし、人をおとしめる言葉が生まれてきそうな気がします。わたしたちも自分の頭で考えて言葉を選んでいきますので、大人の皆さんがわたしたちのお手本になって、美しい言葉を扱うモデルになってくれませんか？言葉は自分を映し出す鏡ですから。

▲教師が作成したモデル。中学生の立場で自分たちの言葉が大人からどう見られているか，大人にどうしてほしいかを中心に盛り込んだ。

▲アフターブレーンストーミングで出た意見同士を関連づけながら絞る。グループでの話合いの際は，真ん中に紙をおき，ペンで記録していく。可視化することで話合いも明確になる。

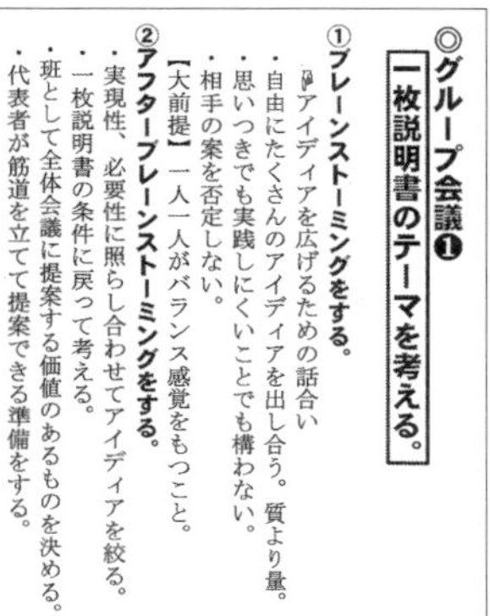

◎グループ会議❶

一枚説明書のテーマを考える。

①ブレーンストーミングをする。
アイディアを広げるための話合い
・自由にたくさんのアイディアを出し合う。質より量。
・思いつきでも実践しにくいことでも構わない。
・相手の案を否定しない。
【大前提】一人一人がバランス感覚をもつこと。

②アフターブレーンストーミングをする。
・実現性、必要性に照らし合わせてアイディアを絞る。
・一枚説明書の条件に戻って考える。
・班として全体会議に提案する価値のあるものを決める。
・代表者が筋道を立てて提案できる準備をする。

▲グループ会議の手順も拡大して見通しをもたせる。やり方で迷わせない。

AL のポイント④・⑤ 下書き交流を活発にする

書いたものを交流するとき，書くことに自信のない生徒が，他の生徒に指摘をするのは大変勇気のいることである。そこで，交流ワークシートに「下書きをしていて困っていること」を書く欄を設けた。普段指摘ができず，よいことを評価することしかできない生徒も，交流に参加できるようになった。

また困っていることを書くことは自分の説明書の足りない点を見つめることでもある。書くことが得意な生徒もこの欄を書きながら，もっとよくなるにはどうしたらいいのかという点を探り，清書に生かすことができた。

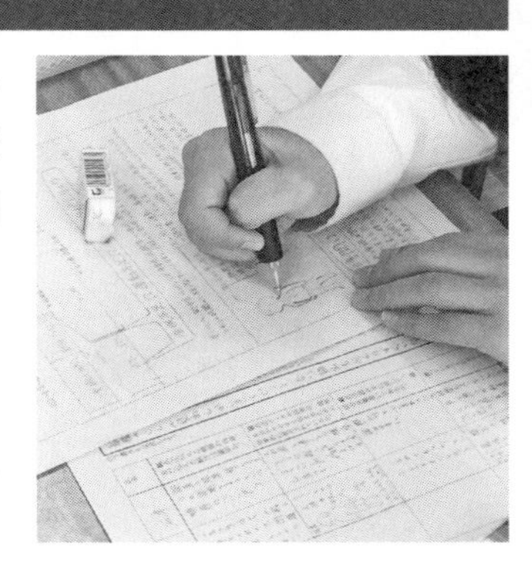

▲下書き交流後，納得できるアドバイスには赤線を引き，修正する。自分の説明書が読み手にどう受けとめられるかを客観的に見つめさせる。

● 評価の工夫

【問題例】

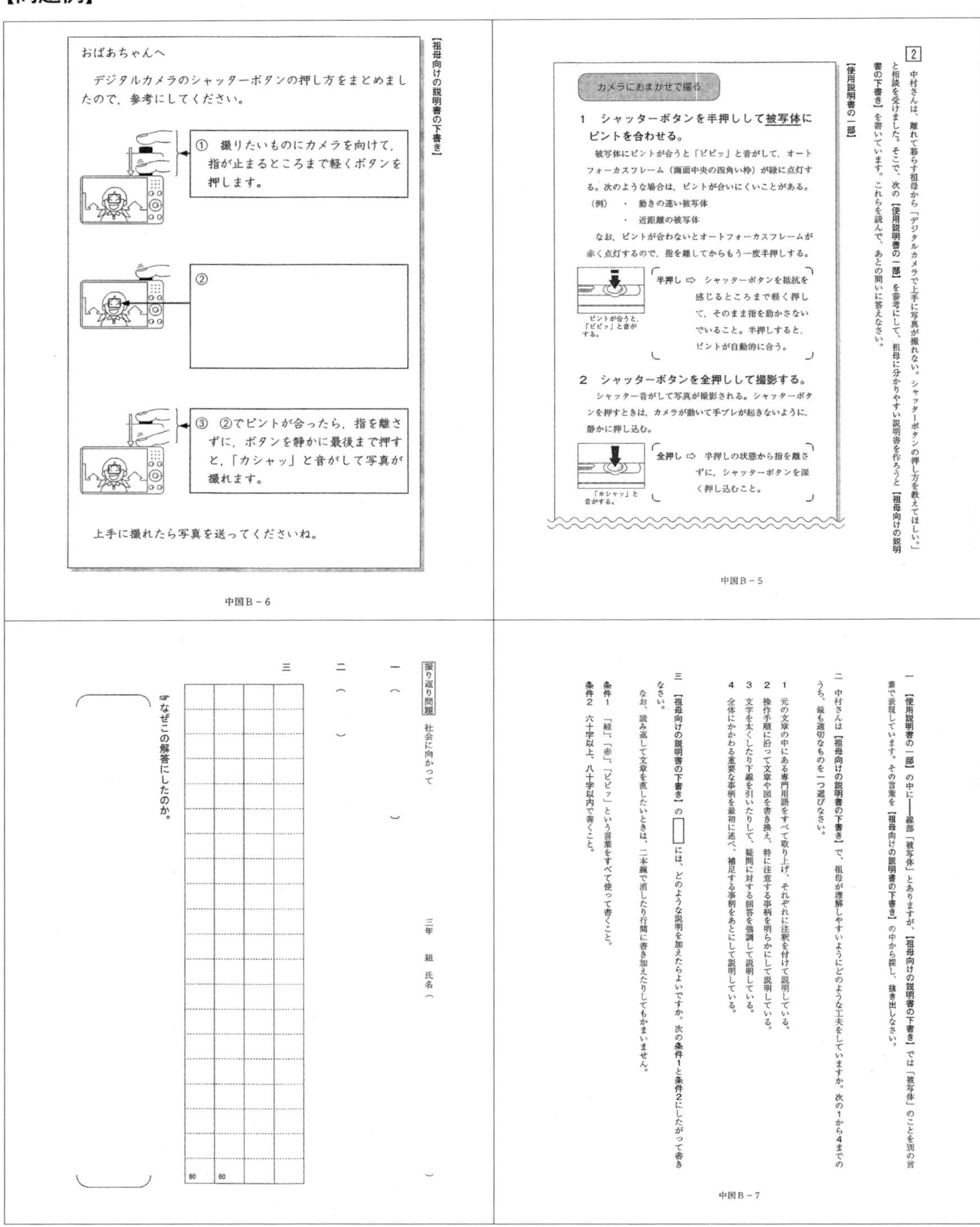

2 中村さんは、離れて暮らす祖母から「デジタルカメラで上手に写真が撮れない。シャッターボタンの押し方を教えてほしい。」と相談を受けました。そこで、次の【使用説明書の一部】を参考にして、祖母に分かりやすい説明書を作ろうと【祖母向けの説明書の下書き】を書いています。これらを読んで、あとの問いに答えなさい。

【使用説明書の一部】

カメラにおまかせで撮る

1　シャッターボタンを半押しして被写体にピントを合わせる。

被写体にピントが合うと「ピピッ」と音がして，オートフォーカスフレーム（画面中央の四角い枠）が緑に点灯する。次のような場合は，ピントが合いにくいことがある。

（例）　・　動きの速い被写体
　　　　・　近距離の被写体

なお，ピントが合わないとオートフォーカスフレームが赤く点灯するので，指を離してからもう一度半押しする。

ピントが合うと，「ピピッ」と音がする。

半押し ⇨ シャッターボタンを抵抗を感じるところまで軽く押して，そのまま指を動かさないでいること。半押しすると，ピントが自動的に合う。

2　シャッターボタンを全押しして撮影する。

シャッター音がして写真が撮影される。シャッターボタンを押すときは，カメラが動いて手ブレが起きないように，静かに押し込む。

「カシャッ」と音がする。

全押し ⇨ 半押しの状態から指を離さずに，シャッターボタンを深く押し込むこと。

中国B－5

【祖母向けの説明書の下書き】

おばあちゃんへ

デジタルカメラのシャッターボタンの押し方をまとめましたので，参考にしてください。

① 撮りたいものにカメラを向けて，指が止まるところまで軽くボタンを押します。

②

③ ②でピントが合ったら，指を離さずに，ボタンを静かに最後まで押すと，「カシャッ」と音がして写真が撮れます。

上手に撮れたら写真を送ってくださいね。

中国B－6

一　【使用説明書の一部】の中に――線部「被写体」とありますが，【祖母向けの説明書の下書き】では「被写体」のことを別の言葉で表現しています。その言葉を【祖母向けの説明書の下書き】の中から探し，抜き出しなさい。

二　中村さんは【祖母向けの説明書の下書き】で，祖母が理解しやすいようにどのような工夫をしていますか。次の1から4までのうち，最も適切なものを一つ選びなさい。

1　元の文章の中にある専門用語をすべて取り上げ，それぞれに注釈を付けて説明している。
2　操作手順に沿って文章や図を書き換え，特に注意する事柄を明らかにして説明している。
3　文字を太くしたり下線を引いたりして，疑問に対する回答を強調して説明している。
4　全体にかかわる重要な事柄を最初に述べ，補足する事柄をあとにして説明している。

三　【祖母向けの説明書の下書き】の□には，どのような説明を加えたらよいですか。次の条件1と条件2にしたがって書きなさい。

なお，読み返して文章を直したいときは，二本線で消したり行間に書き加えたりしてもかまいません。

条件1　「緑」，「赤」，「ピピッ」という言葉をすべて使って書くこと。
条件2　六十字以上，八十字以内で書くこと。

中国B－7

振り返り問題　社会に向かって　　三年　組　氏名（　　）

一（　　）

二（　）

三

60　80

☞なぜこの解答にしたのか。

（　　）

【評価の観点】

生徒が書いた１枚説明書の評価は下の３つの観点に沿って行う。

□伝える情報の内容や順序の適切さ □データや図表の効果的な使用の仕方 □読み手を意識した表現の仕方

このように評価のポイントを明確にすることで，適切かつ効率的に評価することができる。

ペーパーテストは，平成24年度の全国学力・学習状況調査問題を用いる（左ページ中国Ｂ－５，Ｂ－６，Ｂ－７）。また設問三には「なぜこの解答にしたのか」ということを説明させる欄を設け，「伝える情報の内容や順序の適切さ」「データや図表の効果的な使用の仕方」「読み手を意識した表現の仕方」の３点が身についているかを確認する。

Ｂの生徒は「おばあちゃんだと理解しづらい」と，相手意識をもって専門用語を簡単に説明しており，Ａの生徒はピントが合っているときと合っていないときの対処法を順序よく伝えることができている。

この欄を設けることで，生徒は指導事項を想起し，相手に伝わる書き方を再認識することができる。

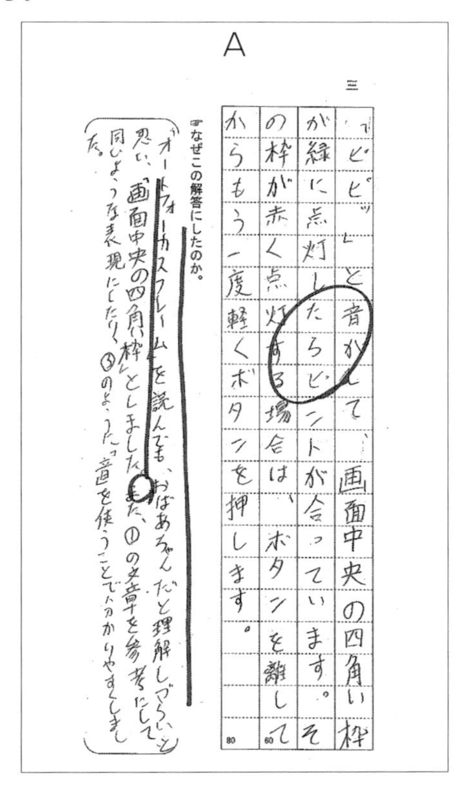

A

三

「ピピッ」と音がして「画面中央の四角い枠が緑に点灯したらピントが合っています。その枠が赤く点灯する場合は、ボタンを離してからもう一度軽くボタンを押します。

☞なぜこの解答にしたのか。

「オートフォーカスフレーム」を読んでも、おばあちゃんだと理解しづらいと思い、「画面中央の四角い枠」としました。また、①の文章を参考にして同じような表現にしたり、③のように「っ」音を使うことで分かりやすくしました。

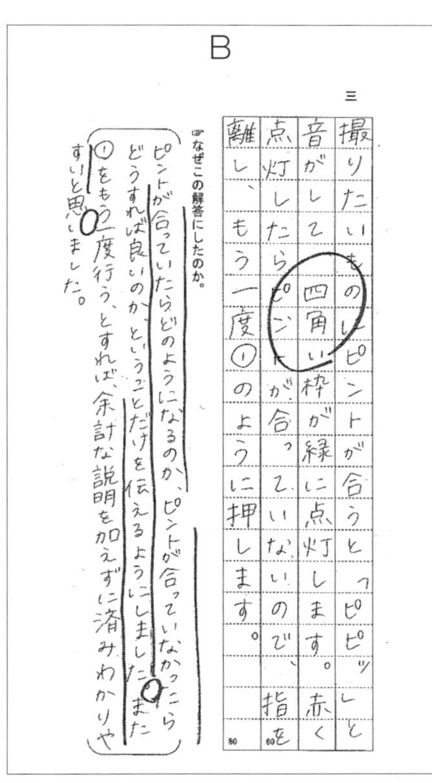

B

三

撮りたいものにピントが合うと「ピピッ」と音がして四角い枠が緑に点灯します。赤く点灯したらピントが合っていないので、指を離し、もう一度①のように押します。

☞なぜこの解答にしたのか。

ピントが合っていたらどのようになるのか、ピントが合っていなかったらどうすれば良いのかということだけを伝えるようにしました。また①をもう一度行う、とすれば、余計な説明を加えずに済みわかりやすいと思いました。

（廿樂裕貴）

読むこと　　全5時間

3　他者との交流をとおして「高瀬舟」を読み深めよう
―人間や社会について自分の意見をもつ―

教材名：「高瀬舟」

● 単元のねらいと概要

「高瀬舟」を読み，他者との交流を通して，人間や社会についての自分の考えを深める学習である。「庄兵衛が“なんだかお奉行さまにきいてみたくてならなかった”のはなぜか」という問いを学習課題として設定する。場面や登場人物に着目して文章を読み，これまでの学習を生かし，書かれたことを自分なりの方法でノートに整理しながら考えていく。ノートに整理したことをグループで交流したり，学級全体で話し合ったりするアクティブな活動をとおして，自分の考えを明確にしていく。

● 指導事項と言語活動例

〈中心となる指導事項〉

エ　文章を読んで人間，社会，自然などについて考え，自分の意見をもつこと。

〈言語活動例〉

ア　物語や小説などを読んで批評すること。

評価規準

ア　国語への関心・意欲・態度	イ　読む能力	ウ　言語についての知識・理解・技能
①小説を読むことをとおして，人間や社会について考え，自分の考えをもとうとしている。	①場面や，登場人物の設定の仕方を捉え，内容の理解に役立てようとしている。（イ） ②文章に表れたものの見方や考え方を整理し，人間や社会について自分の意見をもっている。（エ）	①作品が書かれた時代の言葉の意味や使われ方に着目し，時間の経過による言葉の変化に注意して読んでいる。（イ（ア））

● AL の視点での授業改善のポイント

① 生徒が興味をもつ教材・題材と魅力的な導入（日常生活・社会生活との関連）

「高瀬舟」は森鷗外によって約100年前に書かれた作品であるが，「安楽死」の問題とも関わって現代でも広く読まれているものであり，インターネット上にも感想やレビュー等が多く載せられている。それらを生徒に提示することで，文学作品を読んで現代の社会や人間について考えることに関心をもたせる。また，本単元での学習を通してもった自分の考えは実際に発信することもできることを意識させることで，学習への意欲を喚起する。

② 課題解決的な学習，既習事項を活用する学習

これまでに生徒は，文学作品を読む際，ベン図，人物相関図，時系列など様々な方法で書かれた内容をノートに整理する学習を行っている。ベン図では登場人物の共通点と相違点，人物相関図では登場人物相互の関係，時系列では登場人物の心情や場面の移り変わりを明確にすることができることなどを生徒は学習している。本単元では，学習課題を意識して，自ら方法を選択してノートに場面や登場人物の設定を整理させる。また，それぞれのノートを交流することで，様々な視点から作品を捉え，課題に対する自分の考えを明確にし，人間や社会について考えていけるようにする。

〈考えさせたいこと〉「高瀬舟」に描かれた人間や社会の姿。

〈使わせたい既習事項〉場面の展開や登場人物に着目したノートの整理の仕方。

③ 学習の見通し，本時の目標の明示

「学習課題」「目指す姿（評価規準）」「学習の手順（単元全体の流れ）」を整理したスライドを教室前面のスクリーンに映し出しながら，毎時間の授業を行っている。授業冒頭で本時の位置づけを明確にしたり，必要に応じて授業の途中で確認したりすることで，それらを生徒が常に意識しながら学習できるようにしている。

④ 自分の考えを発表・交流する機会

第４時に，文章に書かれたことや自分の考えを整理したノートをグループで交流する時間を設ける。場面の展開や登場人物の心情の変化などについて互いの読みを交流する。それを踏まえて，学級全体で「庄兵衛が“なんだかお奉行さまにきいてみたくてならなかった”のはなぜか」について話し合うことで，「高瀬舟」に描かれた人間や社会の姿について考えを深められるようにする。

⑤ 「できた」「わかった」の実感，「できたこと」「わかったこと」の振り返り

まず文章から自分が読み取ったことをノートに整理させる。グループの交流や学級全体での話合いをとおして新たに得た考えやわかったことを，ノートに書き込んでいく。学習が進むにつれてノートが充実していくことで，生徒が自分の学習を実感できる。また，単元終末にノートを見ながら「自分ができるようになったこと」を振り返りとして書かせる。

● 単元指導計画（全５時間）

時間	学習活動	指導上の留意点	評価規準(記号)と評価方法［　］
1	文章を読み，学習課題を確認する。		
	● AL のポイント❶ ・語句の意味や考えたことを書き込みながら文章を読む。 ● AL のポイント❸ ・学習課題等を確認し，学習の見通しをもつ。	・本文を印刷したワークシートに書き込ませる。 ・インターネット上にある「高瀬舟」のレビューなどを示す。	ウ①［本文への書き込み］
2・3	文章の内容をノートに整理しながら，学習課題について考える。		
	● AL のポイント❷ ・場面や登場人物の設定に注意して文章を読み，読み取ったことをノートに整理する。	・これまでの学習を想起させ，ノートの整理の仕方を工夫するよう促す。	イ②［ノート］
4	お互いのノートを交流し，学習課題について考えをもつ。		
	● AL のポイント❺ ・４人グループでお互いのノートを交流する。人を替えて，２度行う。 ・学習課題についての自分の考えを書く。	・他者から学んだことや新たに考えたことを自分のノートに書き込ませる。	イ②［ノート］
5	学級全体で話し合い，自分の考えを明確にする。		
	● AL のポイント❹ ・学級全体で話し合う。 ・単元の学習全体の振り返りを書く。		イ②［話合いの様子］［ノート］ ア①［振り返り］

本時の流れ（５／５時間）

（1）目標

学級全体で話し合うことをとおして，文章に表れたものの見方や考え方を整理し，人間や社会について自分の意見を明確にする。

（2）評価規準

文章に表れたものの見方や考え方を整理し，人間や社会について自分の意見をもっている。

（3）展開

学習内容・学習活動 （○発問，□指示）	時間	指導上の留意点と評価 （・留意点，※評価）
1．本時の学習課題を確認する。 本時の学習課題 「庄兵衛が“なんだかお奉行さまにきいてみたくてならなかった”のはなぜか」について学級一斉で話し合い，自分の考えを明確にする。 □次のスライドを示しながら，話合いをとおして，一人一人が目指す姿（評価規準）を実現することが大切であることを確認する。 話合いを通して「高瀬舟」を読み深める 【教材】　「高瀬舟」森鷗外 【学習課題】 庄兵衛が「なんだかお奉行様に聞いてみたくてならなかった」のはなぜか？ 【目指す姿】 ◎文章に表れたものの見方や考え方を整理し，人間や社会について自分の意見をもつ。 ○場面や登場人物の設定の仕方をとらえ，内容の理解に役立てる。	5	・前時に集めた生徒のノートを読み，次のような事前準備をしておく。 ①生徒一人一人の考えを把握し，一覧表を作る。 ②話合いの際に話題にしてほしい事柄を明確にする。 ③ノートに発言を促すコメントを書き込み，返却する。 ・話合いをしている間も，スクリーンにスライドが示してあることを伝える。話している内容が授業のねらいに沿ったものかどうか，確かめながら話合いを進めることを意識させる。
2．学級全体で話し合う。 ● AL のポイント❹－1 学級全体で３重の円を作ってお互いの顔が見える形態で話合いを行う。	40	・話合いの進行を生徒に任せる。司会は立てないが，学級の状況によって必要な場合には進行役を決める。

【話合いの実際 前半】
庄兵衛の人物像は…
- ベテラン。これまでの経験をもとに物事を考える。より経験豊富なお奉行様に聞きたかった。
- 自分の判断で行動しない人。自分で考えて答えが出ないから，人に聞きたかった。お奉行さまでなくても良かった。

庄兵衛にとってお奉行さまとは…
- 判断を下せる人。
- 決して逆らえない神に近い存在。
- 一番身近な目上の人。

● AL のポイント❹－２

○「庄兵衛がお奉行様に聞きたかったのはどのようなことか？」

【話合いの実際 後半】
- 喜助を流罪にした理由は何か。
- 判断は正しいものなのか。
- 喜助の話をどこまで聞いたのか。
- 喜助の話を聞いてお奉行さまはどのように思ったのか。

３．単元の学習全体の振り返りを書く。

ノートを見て，自分の考えがどのように深まったかを中心にして考えをまとめる。

5

・話合いの状況を見ながら，机間指導を行う。話題に応じて発言した方がよい生徒を判断し，発言するよう個人への働きかけをする。

※話合いの様子（話合いの全体と一人一人の状況）を観察し，次の点を確認する。

①文章に表れたものの見方や考え方を整理しているか。

②人間や社会について自分の意見を明確にする方向に進んでいるか。

話し合われている内容から，学級全体として努力を要すると判断した場合には，教師から話題を提示し，全体で考えさせる。

机間指導から努力を要すると判断した個人に対しては，話合いで出された意見から，どの意見が自分の考えに近いかなどを考えさせる。

・一旦話合いを止めて，全体へ投げかける。

・学級全体として１つの答えを出す必要はないが，様々な考えを交流し，それぞれが意見を明確にすることが大切であることを確認する。考えが明確でない生徒は，疑問に思うことを発言するよう促す。

※ノートへの記述を分析する。

● AL のポイント

AL のポイント②　ノートの整理の仕方を工夫する

整理の仕方を工夫して個人でノートを作る。それらを基に交流することで，様々な視点から作品を捉え，考えを明確にしていくことができる。

生徒Ｓのノートは，紙面を４つに分け，４人の登場人物（「庄兵衛」「喜助」「喜助の弟」「お奉行様」）それぞれについて書かれたことを整理したものである。交流をとおして新たに付け加えた内容は，ペンの色を変えて書いたり，付箋等に書いて貼ったりさせることで，交流をとおした自分の考えの深まりがわかりやすくなっている。

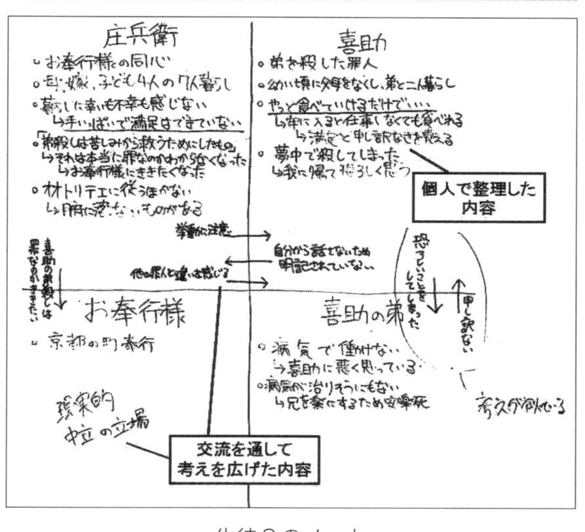

生徒Ｓのノート

人物相関図や時系列で整理した生徒とのノートの交流を通して，Ｓはそれぞれの人物の関係について考えを広げ，ペンを使って矢印とともに示している。また，当初「京都の町奉行」としか書けなかったお奉行様を「現実的中立な立場」とみるなど，全体での話合いを通して，人間や社会についての自分の考えを明確にしていることがわかる。生徒Ｓの単元終末の振り返りは次のようなものである。

> 安楽死の手助けを罪とするかということは現代にもつながる問題だ。介護に疲れて家族を殺すという事件もある。事実だけをみて罪とするか，そこに至る過程を踏まえて判断するか。庄兵衛の場合は中立な判断ができると考え，お奉行様に聞いてみたくなったが，僕はいろいろな意見を聞きながら，自分で考えるということが大切だと思う。

AL のポイント④　生徒主導により学級全体で話し合う

考えを交流する方法としては，ペアやグループだけでなく，機会を捉えて学級全体での話合いを設定することも大切である。ただ，学級全体での話合いは慣れないと意見が出づらいという傾向があるため，ねらいに沿って意見が活発に出されるよう次のような工夫をしている。

○お互いの顔を見て話合いができるよう，教室の中心に向かって４重の円を描くように座席を配置する。なるべく円を小さくし，互いの距離が近くなるようにする。

○事前にノートを読んで，「これは１人しかいない貴重な意見。絶対に発言してください」「同じ視点で違う考えをもっている人が他に３人います」のような発言を促すコメントを書く。

● 評価の工夫

本単元の学習の状況を評価する際には，主にノートの記述を資料として，評価規準に照らして生徒の学習の状況を判断するが，定期テストの際に他の文章を読ませる問題を出題して評価することも可能である。出題する文章は次のような観点で選ぶ。

〇限られた時間で解答することを考慮し，「高瀬舟」よりも短く，やや平易な文章。

〇「高瀬舟」のように，主に２人の登場人物によって話が展開し，心情の変化が表れた文章。

以上のことから，「ごんぎつね」（新美南吉）を問題文とした。小学校４年生の教科書に掲載されているものであるが，視点を変えて再読すること自体にも価値があると考える。

【問題例】

次の文章を読んで，後の問いに答えなさい。

（略）

こないだうなぎをぬすみやがったあのごん狐めが、またいたずらをしに来たな。

「ようし。」

兵十は立ちあがって、納屋にかけてある火縄銃をとって、火薬をつめました。そして足音をしのばせてちかよって、今戸口を出ようとするごんを、ドンと、うちました。ごんは、ばたりとたおれました。兵十はかけよって来ました。家の中を見ると、土間に栗が、かためておいてあるのが目につきました。

「おや」と兵十は、びっくりしてごんに目を落しました。

「ごん、お前だったのか。いつも栗をくれたのは」

ごんは、ぐったりと目をつぶったまま、うなずきました。

兵十は火縄銃をばたりと、とり落しました。青い煙が、まだ筒口から細く出ていました。

（新美南吉『ごんぎつね』より。ここでは終末部分のみを掲載）

設問１　右は，ごんと兵十の関係を整理したノートの一部です。［　A　］に当てはまるこのときの兵十の気持ちをあなたならどのように書きますか。理由とともに書きなさい。

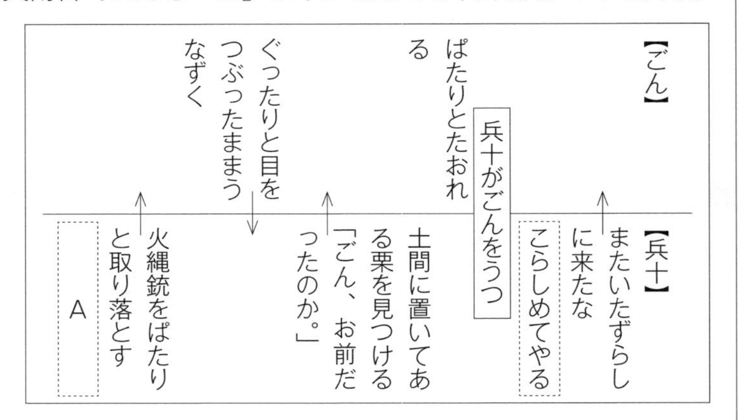

設問２　このような結末に至る「ごん」と「兵十」の関係について，あなたはどのように考えますか。これまでの展開とそれぞれの互いの見方に触れながら，あなたの考えを90字以上120字以内で書きなさい。

【正答例と採点基準】

設問１

・「取り返しのつかないことをしてしまった」と書きます。栗をくれたごんを殺してしまった自分の行動を後悔していると考えるからです。

・「ただ呆然としている」と書く。持っていた火縄銃を落としてしまうことに表れているように，兵十は状況を理解することができず，頭が真っ白になっていると思うから。

⇒ノートを整理する活動に沿って，第３学年「読むこと」イ「文章の論理の展開の仕方，場面や登場人物の設定の仕方をとらえ，内容の理解に役立てること」ができるかどうかをみる設問である。

※「どのような内容を書くか」とその「理由」が書かれたものを正答とする。

設問２

・ごんは母をなくした兵十に共感し，いたずらをやめて食べ物を持っていくようになる。一方で兵十はごんを死なせるまでいらずらばかりする狐と思っていた。最後まで気持ちがすれ違ってしまう不幸な関係だと思う。(97字)

・ごんは兵十の母が死んだことを自分の責任と感じている。償いの気持ちから，兵十に栗などを持っていったが，最終的にその気持ちが兵十に伝わったと思う。ごんが死なずに兵十に気持ちが伝わればよかったが，ごん自身は納得しているのだと思う。(112字)

⇒第３学年「読むこと」エ「文章を読んで人間，社会，自然などについて考え，自分の意見をもつこと」ができるかどうかをみる設問である。前述のような条件を満たしているものを正答とする。

※「ごん」と「兵十」の関係について自分の考えを書いている。
※物語の展開を踏まえて，「ごん」「兵十」それぞれの互いの見方を書いている。
※90字以上120字以内で書いている。

各設問は，学習指導要領のどの指導事項に対応しているかを明確にし，授業の学習活動に即して，学習したことを活用して解答できるようなものにすることが大切である。生徒の状況に応じて，「ごんぎつね」の他に「大造じいさんとガン」（椋鳩十），「蜜柑」（芥川龍之介）などを問題文とすることも考えられる。

（山内裕介）

全6時間

4 「おくのほそ道」を読んで，個人新聞にまとめよう

―古文や資料を読み取り批評する―

教材名：「おくのほそ道」

● 単元のねらいと概要

「おくのほそ道」の文章や資料を読んで，わかったことや考えたことを新聞という形にまとめる学習である。新聞の中身は，作品の構成や表現の特徴，作者の思い，生徒自身の考えなどである。古典の学習が単に知識の受容に終わることなく，自ら知識を獲得し，古人から学び，自分の生き方を問い直すような主体的な学習になってほしいと願って本単元を設定した。

この学習を通して，生徒は「おくのほそ道」の魅力を感じ，旅（生き方）について，自然を見つめることについて思考を深めた。そして，このことは未来を豊かに生きることにつながると考える。

● 指導事項と言語活動例

〈中心となる指導事項〉

読むこと

オ　目的に応じて本や文章などを読み，知識を広げたり，自分の考えを深めたりすること。

伝統的な言語文化と国語の特質に関する事項

ア（ア）歴史的背景などに注意して古典を読み，その世界に親しむこと。

〈言語活動例〉

読むこと

ア　物語や小説などを読んで批評すること。

評価規準

ア　国語への関心・意欲・態度	イ　読む能力	ウ　言語についての知識・理解・技能
①作品や資料から主体的に情報を読み取り，新聞にまとめようとしている。	①作品の冒頭や平泉の場面から芭蕉の思いを読み取り，自分の考えを深めている。（オ）	①歴史的背景を踏まえ，表現の特徴に注意して音読している。（ア（ア））

● AL の視点での授業改善のポイント

① 生徒が興味をもつ教材・題材と魅力的な導入（日常生活・社会生活との関連）

まず，自分の何代前の先祖が，芭蕉と同じ時代を生きたかを考えさせた。また，「おくのほそ道」の原本が古本屋で発見され，何度も推敲している跡から芭蕉の作品にかける思いを感じ取らせた。さらに，生徒がかつて書いた修学旅行文集と「おくのほそ道」の文章とを比較させ，共通点と相違点を見出させた。このように，芭蕉と生徒とのつながりを感じさせる資料を授業の導入に用いた。

② 課題解決的な学習，既習事項を活用する学習

「おくのほそ道」に関する新聞を作成することを課題として，作品や資料から文章の特徴や作者の思いを読み取らせる学習を設定した。既習事項として，季語や切れ字，取り合わせに注意して俳句に親しむ学習をしている。また，記事の内容や形式を工夫して，「日本文化のガイドブック」を書く経験をしている。さらに，ある対象について書いた批評文を読み合って評価し，ものの見方や考え方を深める学習も行っている。

〈考えさせたいこと〉

「おくのほそ道」の優れた表現とそこに込められた芭蕉の気持ちを考え，自分のものの見方や考え方と比較して新聞に書くこと。

〈使わせたい既習事項〉

季語や切れ字，取り合わせに注意して情景や作者の気持ちを読むこと。作品のよさを見出して，情報を整理して読み手にわかりやすい表現を工夫すること。

③ 学習の見通し，本時の目標の明示

最初に新聞作りの主旨やその内容について説明し，学習計画を確認した。本時の目標は毎時間黒板や学習シートに明示した。そして，優れた表現や文体の特徴に注意して作品を読み味わうことができたか，作品に込めた作者の思いを読み深められたかを適宜交流させながら，新聞を書くのに必要な情報を収集させた。

④ 自分の考えを発表・交流する機会

学習シートの課題についての話合い，新聞のテーマやレイアウトの相談，新聞の説明や感想などの交流を行いながら，自分の考えを発表したり，修正したりする機会を設けた。特に，「おくのほそ道」をどのような視点で読み，どのような発見があり，それをどんな工夫をして新聞にまとめたかを互いに説明させる場面を大切にした。

⑤ 「できた」「わかった」の実感，「できたこと」「わかったこと」の振り返り

班内で新聞の解説をし合い，評価し合う中で，「おくのほそ道」や芭蕉についての理解が進んだ。また，友達の作品を読む視点や作品の分析・解釈の仕方，新聞の表現の工夫を知ることで，生徒自身のものの見方・考え方を広げることができた。

● 単元指導計画（全６時間）

時間	学習活動	指導上の留意点	評価規準（記号）と評価方法［　　］
1	「おくのほそ道」の冒頭部分の内容をつかむ。		
	● AL のポイント❸ ・学習したことを新聞にまとめるという目的意識をもつ。 ● AL のポイント❶ ・修学旅行の作文と比較して作者の旅への思いを読み取る。	原本発見の記事を読ませ，芭蕉の人物像について想像させる。	ア①［学習の様子］
2	「おくのほそ道」の高館の部分の内容をつかむ。		
	・高館での作者の思いを読み取り，音読する。	古文と俳句から作者の思いを捉えさせる。	ウ①［音読の様子］
3	「おくのほそ道」の光堂の部分の内容をつかむ。		
	・平泉での作者の思いを読み取る。 ・読み取ったことを新聞記事のメモにまとめる。	高館のときと比較させる。 自分の思いを書かせる。	イ①［発表］［学習ノート］
4	テーマや見出しを決めて新聞の下書きをする。		
	● AL のポイント❷・❸・❹ ・新聞に書くテーマや内容を考える。 ・グループで交流し，助言し合う。 ・レイアウトを工夫して下書きする。	学んだことと資料集を用いて情報を選択・整理する。	ア①［話合い］
5	読み手にわかりやすいように工夫して新聞を清書する。		
	・新聞を清書する。	見出しの表記や記事の内容を吟味する。	イ①［新聞の清書］
6	「個人新聞」を使って交流し，評価し合う。		
	● AL のポイント❺ ・新聞を使って「考えたこと」「わかったこと」を説明する。	友達の作品から学んだことを書かせる。	ア①［交流の様子］［学習シート］［新聞の清書］

● 本時の流れ（4／6時間）

（1）目標

「おくのほそ道」から読み取った内容と資料集の情報をもとに，自分の考えを入れた新聞の下書きを作成することができる。

（2）評価規準

情報を選択，整理し，目的に沿った，読み手に伝わる新聞作りをしている。

（3）展開

学習内容・学習活動 （○発問，□指示）	時間	指導上の留意点と評価 （・留意点，※評価）
1．本時の学習課題を確認する。 「おくのほそ道」での学習を踏まえて，自分の考えを入れた新聞の下書きを書く。 ● AL のポイント❸ 単元全体の流れと本時の目標を短時間で確認する。	5	・新聞を書くうえでの立場，対象，目的，方法，条件を確認させる。 （目的） ○作品の価値を見出す。 ○芭蕉の感性や生き方に対して自分の考えをもつ。
2．記事の内容を考える。	15	・「記事の例」を参考に，記事を３つか４つに絞らせる。
3．新聞のレイアウトを考える。	10	・枠の取り方や絵の配置について工夫させる。
4．新聞の構想（特に記事の内容）を友達に説明し，アドバイスをもらう。 ● AL のポイント❹	10	・なぜその記事を選んだのか説明し，内容や，レイアウト上の扱い方等について話し合わせる。 ※話合いの様子。
5．下書きの用紙に記事を書く。 ● AL のポイント❷ 考えたことが効果的に伝わるよう，工夫して文章に書く。	10	・（既習事項を生かして）文を短く，自分の感じたことや考えたことを入れた記事が書かれているか机間指導を行う。〔下書きの用紙〕 ・次時までに下書きを完成させてくるように指示する。

● AL のポイント

AL のポイント① 新聞記事から芭蕉の人物像を描く

今から19年前，「おくのほそ道」の原本が発見された。平成８年11月26日の熊本日日新聞の記事には，作品を何度も推敲した事実が述べられている。これを読むことによって，生徒は自分たちと同じように推敲を重ね，作品に情熱を傾けた一人の人物を想像することができた。また，「おくのほそ道」の冒頭部分の旅に生きる芭蕉の覚悟を読み取ることにもつながった。

また，第２学年時に書いた修学旅行紀を各自に配布し，「おくのほそ道」の冒頭部分と比較させた。このことで，生徒は芭蕉が自分たちと同じように旅を楽しみにしていたことを読み取った。また，旅に古人の足跡を訪ね，俳句の世界を磨き続けるという旅に命をかけた芭蕉の生き方も読み取っていた。

AL のポイント② 既習事項を新聞作りに関連づける

・「批評文を書こう」…ポスターを比較し，特徴や工夫，よさを見出す学習をしている。
・「万葉集・古今集・古今和歌集」…ペアで一首の和歌を担当してクラスメイト向けに授業を行うことで，古代人の豊かな感性をつかみ，現代人と共通する自然美を認識している。
・「俳句」…季語，切れ字，言葉の取り合わせの視点から俳句を鑑賞している。
・「日本文化ガイドブック」…読者にわかりやすい表記やレイアウトを考える学習をしている。

これらの学習が総合的に新聞作りに生かされた。

読み取ったことを文章化しておく

新聞の目的に沿って記事を書くために，第３時に，次の課題を考えさせた。

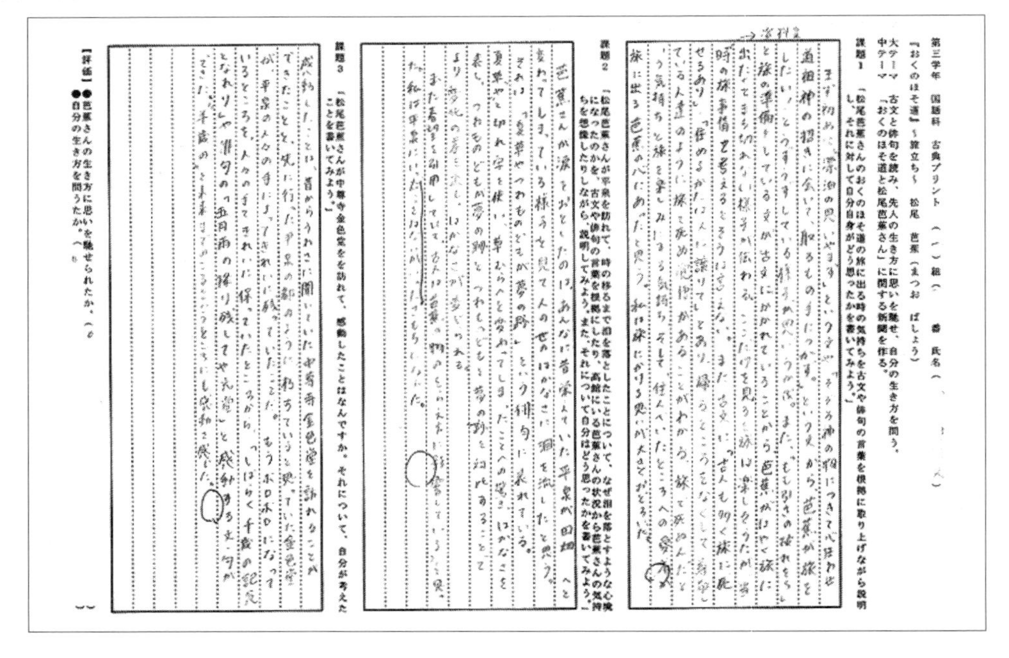
第三学年　国語科　古典プリント　（　）組（　）番　氏名（　　）
『おくのほそ道』～旅立ち～　松尾　芭蕉（まつお　ばしょう）
大テーマ　古文と俳句を読み，先人の生き方に思いを馳せ，自分の生き方を問う。
中テーマ　『おくのほそ道と松尾芭蕉さん』に関する新聞を作る。

課題１　「松尾芭蕉さんのおくのほそ道の旅に出る時の気持ちを古文や俳句の言葉を根拠に取り上げながら説明し，それに対して自分自身がどう思ったかを書いてみよう。」

課題２　「松尾芭蕉さんが平泉を訪れて，時の移るまで涙を落としたことについて，なぜ涙を落とすような心境になったのかを，古文や俳句の言葉を根拠にしたり，高館にいる芭蕉さんの状況から芭蕉さんの気持ちを想像したりしながら，説明してみよう。また，それについて自分はどう思ったかを書いてみよう。」

課題３　「松尾芭蕉さんが中尊寺金色堂を訪れて，感動したことはなんですか。それについて，自分が考えたことを書いてみよう。」

【評価】
●芭蕉さんの生き方に思いを馳せられたか。（　）
●自分の生き方を問うたか。（　）

（課題１）「芭蕉の旅に出る時の気持ちを古文や俳句の言葉を根拠に説明し，それに対する自分の考えを書こう」（課題２）「『時の移るまで泪を落とした』の理由を古文や俳句を根拠にして説明し，それに対する自分の考えを書こう」（課題３）「中尊寺金色堂を訪れた芭蕉の感動を高館と比較して説明しよう」（前ページ下の図）。

ALのポイント③　新聞を作ることを念頭に学習を進める

学習シートを配布し，学習の最終課題（新聞作り）について説明した。

○学習シート（一部分）

> テーマ「おくのほそ道（芭蕉）」新聞を作ろう
>
> １　前提として
>
> ○立場…中学生の自分　　○読む対象…本校生徒や保護者
>
> ○目的…「おくのほそ道」の文章や俳句の価値を発見する（批評）
>
> 芭蕉の感性や生き方について，自分の生き方と関連づけて考えをもつ（感想）
>
> ２　新聞の作り方
>
> 〔記事の内容〕
>
> ・記事の例…「芭蕉の訪問地」「芭蕉の旅とは」「芭蕉の生き方」「芭蕉の感性」「芭蕉の生き方」「おくのほそ道を読む楽しさ」「俳句が伝えてくれるもの」

ALのポイント④　新聞作成の過程の学習

新聞作りの過程で，適宜ペアや班での交流を設け，新聞作りへの意欲と工夫を喚起するようにした。また，教師は新聞作りの目的や文体のわかりやすさを意識するように，具体的に下書きの文章内容やレイアウトなどについて指導した。

でき上がった新聞の意図や内容を説明する

「新聞で何を伝えたかったのか」「新聞作りで工夫したところ」を班内で発表し，記事の内容や見出し・レイアウトの工夫などについて感想を言い合う交流を行った。生徒の感想に「様々な新聞ができており，同じ授業を受けていても一人一人違う良い作品ができていておもしろい」「芭蕉の気持ちを芭蕉の立場になって考えたところが楽しかった」「新聞作りを通して芭蕉さんの旅立ちにおける思い，死ぬまで旅のことを考えていた芭蕉さんの生き方が改めてわかった」「思ったことをまとめることでさらに『おくのほそ道』を楽しめるようになった」「古文，俳句から人物の様子を想像したり，心情を読み取ることができた」など，新聞作りによって読みの深まりを感じたという感想が多くあった。

● 評価の工夫

【新聞の評価】…「レイアウトと下書き」「清書」それぞれについて，次のように評価した。

	Bと判断する基準
レイアウトと下書き	①レイアウトが書かれている。 ②清書に向けた下書きができている。
新聞の清書用紙	①芭蕉の思いや生き方，「おくのほそ道」のよさについての自分の考えを的確に書いている。 ②記事の内容に，古文や俳句を根拠として，芭蕉の思いや生き方を捉え，それについて自分の考えが書かれている。 ③わかりやすく読みやすい見出しやレイアウトで書いている。

（新聞の清書の評価の例）

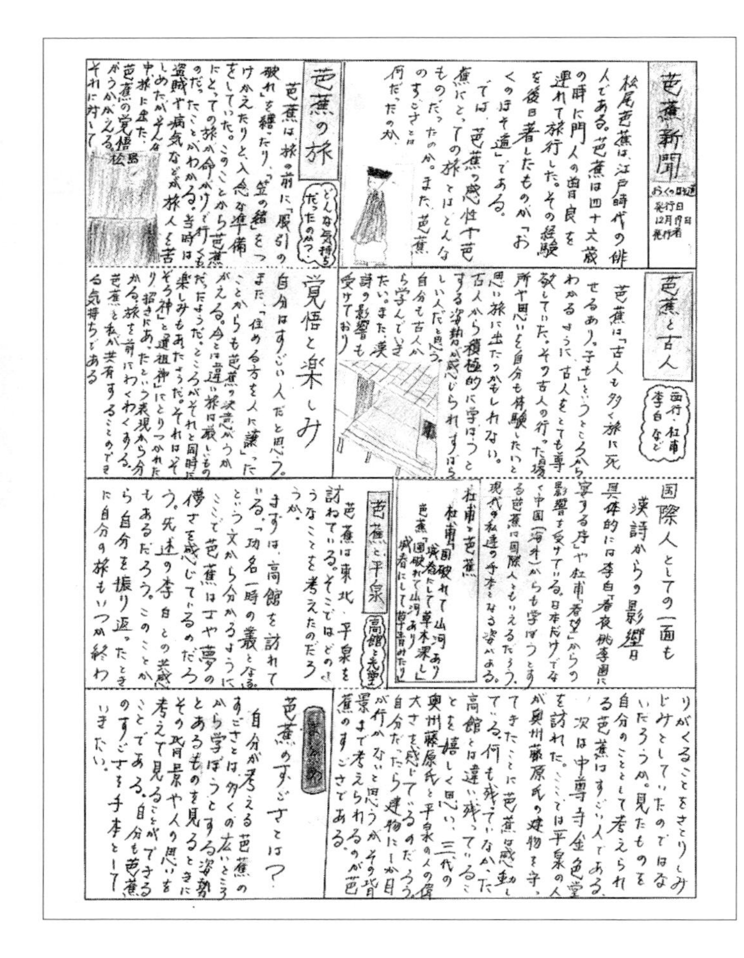

芭蕉新聞

おくのほそ道
発行日 12月19日
発行者

松尾芭蕉は、江戸時代の俳人である。芭蕉は四十六歳の時に門人の曽良を連れて旅行した。その経験を後日著したものが「おくのほそ道」である。

では、芭蕉の感性や芭蕉にとっての旅とはどんなものだったのか。また、芭蕉のすごさとは何だったのか。

芭蕉の旅

どんな気持ちだったのか？

芭蕉は旅の前に「股引の破れ」を繕ったり、「笠の緒」をつけかえたりと、入念な準備をしていた。このことから芭蕉にとっての旅が命がけで行くものだったことがわかる。当時は盗賊や病気などが旅人を苦しめたがそんな中旅に出た。芭蕉の覚悟がうかがえる。それに対して

松島

覚悟と楽しみ

自分はすごい人だと思う。また、「住める方を人に譲り」ったことからも芭蕉の決意がうかがえる。今とは違い旅は厳しいものだったようだ。ところがそれと同時に楽しみもあったようだ。それは「そぞろ神」と「道祖神」にとりつかれたり招きにあったという表現から分かる。旅を前にわくわくする。芭蕉と私が共有することのできる気持ちである

芭蕉と古人

西行・杜甫・李白など

芭蕉は「古人も多く旅に死せるあり。」というところから分かるように古人をとても尊敬していた。その古人の行った場所や思いを自分も体験したいと思い旅に出たのかもしれない。古人から積極的に学ぼうとする姿勢が感じられすばらしい人だと思う。自分も古人から学んでいきたい。また、漢詩の影響も受けており

国際人としての一面も

漢詩からの影響

具体的には李白「春夜桃李園に宴する序」や杜甫「春望」からの影響を受けている。日本だけでなく中国（海外）からも学ぼうとする芭蕉は国際人ともいえるだろう。現代の私達の手本となる姿がある。

杜甫と芭蕉

杜甫「国破れて山河あり 城春にして草木深し」

芭蕉「国破れて山河あり 城春にして草青みたり」

芭蕉と平泉

高館と光堂

芭蕉は東北、平泉を訪ねている。そこではどのようなことを考えたのだろうか。

まずは、高館を訪れている。「功名一時の叢となる。」という文から分かるように、ここで芭蕉は功や夢の儚さを感じているのだろう。先述の李白との共感もあるだろう。このことから自分を振り返ったときに自分の旅もいつか終わりがくることをさとりしみじみとしていたのではないだろうか。見たものを自分のこととして考えられる芭蕉はすごい人である。

次は中尊寺金色堂を訪れた。ここでは平泉の人が奥州藤原氏の建物を守ってきたことに芭蕉は感動している。何も残っていなかった高館とは違い残っていることを嬉しく思い、三代の人の偉大さを感じているのだろう。自分だったら建物にしか目が行かないと思うが、その背景まで考えられるのが芭蕉のすごさである。

まとめ

芭蕉のすごさとは？

自分が考える芭蕉のすごさとは多くの古いところから学ぼうとする姿勢とあるものを見るときにその背景や人の思いを考えて見ることができることである。自分も芭蕉のすごさを手本としていきたい。

この生徒は，右上に「芭蕉の感性や芭蕉にとっての旅とは，どんなものだったか。また，芭蕉のすごさとはなんだったのか」をテーマとして掲げ，記事を書いている。（①）

左上には，「芭蕉の旅における覚悟と楽しみ」について古文を根拠にして自分の言葉で感じたことを書いている。（②）

「芭蕉と古人」の記事や「まとめ」を見ると，芭蕉を国際人として捉え，その生き方に学ぼうという姿勢を書いている。（①）

「芭蕉と平泉」の記事では，高館と光堂における芭蕉の気持ちの違いを明らかにし，自分のものの見方と比較して，芭蕉のすごさを書いている。（②）

【問題例】

問題１　「おくのほそ道」の冒頭を読み，芭蕉が「旅」をどのように捉えていたかを次の条件にしたがって説明しなさい。

＊冒頭文

〔条件〕ア　文章中の言葉を根拠にして説明すること。
　　　　イ　自分自身の「旅」の捉え方と比較して説明すること。
　　　　ウ　百字以上百三十字以内で書くこと。
　　　　エ　段落は作らず，一ます目から書くこと。

問題２　「おくのほそ道」新聞について，あなたがトップ記事に書いた内容を簡潔に説明しなさい。なお，トップ記事に何を書いたかを忘れた人は，セカンド記事を取り上げてもよい。

【正答例と採点基準】

問題１

・芭蕉は，月日，年，船頭，馬方，古人とあらゆるものがこの世を旅していると述べている。私は，家から離れてある目的地に行くのが旅だと思っていた。しかし，この文章を読んで，今日学校に来ていろいろ経験していることも旅として捉えることができると思った。

・私は，旅とは家から離れて楽しんでまた家に帰ることと考えていた。芭蕉は，「住める方は人に譲りて」と言い，旅の中で生きる覚悟をしている。旅に生き俳句の世界を磨くという厳しくも主体的な芭蕉の生き方を感じて，私もそのような目標を見つけたいと思った。

※〜〜部分が〔条件〕アを満たす部分，――部分が〔条件〕イを満たす部分

問題２

・芭蕉の感性や，芭蕉にとっての旅とはどんなものだったのか。

・芭蕉はなぜ高館で涙を流したのか，その理由。

（城音寺明生）

● おわりに ●

平成16年（2004年）12月，文部科学省は，前年に実施されたPISA2003の調査結果を公表しました。その中で，特に「読解力」（リーディング・リテラシー）が低下したことは大きなニュースになりました。当時，編者は教科調査官として着任したばかりでしたが，「読解力」の結果の詳しい分析と，その向上のための方策づくりに関わるようになりました。PISA 調査は参加国の15歳児が対象となり，日本では高校１年生が調査を受けています。中学校での指導の重要性を強く感じたのを覚えています。

当時は，現在ほど PISA 調査の認知度が高くありませんでした。研修会等で PISA の話をしても，食べ物のピザを使ったたとえ話と受け止められたこともあったほどです。ですから，「読解力」の低下と言っても，その内実が正確には伝わっていなかったように思います。

PISA 調査の「読解力」は，文章を詳細に読み解く力のことではありません。文章から必要な情報を取り出したり，文章を解釈したり，文章の内容について深く考えて場合によっては文章を評価したりする力のことです。そして簡潔に言えば，日本の子供は，文章を読んで自分の考えをもち，それを表現することに課題が見られたのでした。これは，変化の激しい時代を生きていく子供にとって大きな問題です。

翌年から，「読解力」向上のための取り組みが始まりました。特に，『読解力向上に関する指導資料』には，国語科だけでなく各教科における指導事例を掲載しました。「読解力」を，「(情報を) 受信し→思考し→発信する力」と捉えたとき，それは国語科だけの問題ではなく，全ての教科の学習に共通した問題であると考えたからでした。このことは，平成20年版学習指導要領の，各教科等における言語活動の充実につながっていきます。

平成18年度からは，「全国学力・学習状況調査」の準備が始まり，平成19年度から実施されました。問題作成にあたっては，PISA 調査の結果も踏まえ，「知識・技能等を実生活の様々な場面に活用する力」「様々な課題解決のための構想を立て実践し評価・改善する力」などを問う，主として「活用」に関する問題（B 問題）を出題することにしました。

同時に，学習指導要領改訂の作業も進んでいきました。改訂作業の途中で，教育基本法や学校教育法の一部の改正があり，いわゆる「学力の３要素」が明確になりました。そのこととPISA 調査結果の関連などから，思考力・判断力・表現力の育成が特に重要だという声が高まっていきました。そして，思考力・判断力・表現力育成のための手段として，各教科等における言語活動の充実ということが言われるようになりました。

国語科の学習指導要領においては，内容の（2）に，言語活動例を具体的に示しました。また，「読むこと」領域に「自分の考えの形成」の指導事項が入り，文章の内容を理解するだけでなく，自分の考えをもつことの重要性を位置づけました。PISA の「読解力」との関連を図ったものの１つと言えるでしょう。

平成20年３月に告示された新学習指導要領は，21年から移行措置期間に入り，24年度から全面実施されて現在に至っています。平成16年以降，今日に至るまで，日本の子供の学力はどのように変化したのでしょうか。

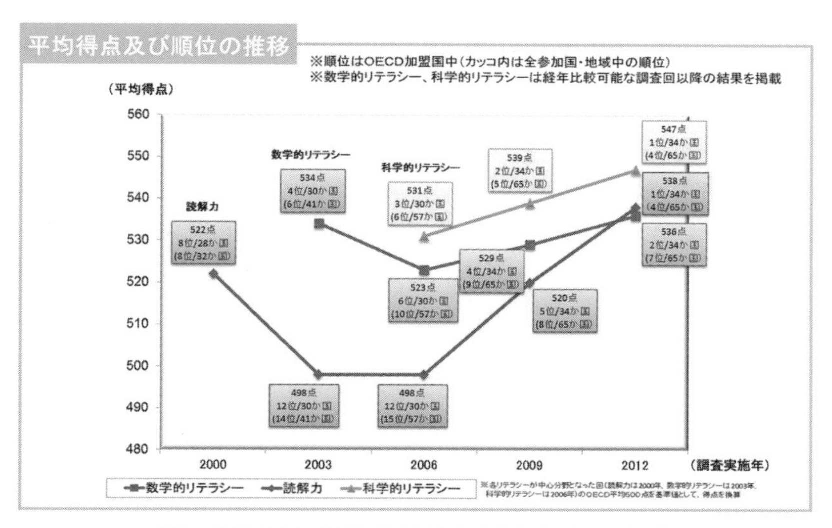

PISA 調査結果の推移（国立教育政策研究所 HP より）

１つの指標として，上のグラフで PISA 調査結果の推移を見てみましょう。「読解力」に注目すると，冒頭で述べた2003年調査以降，2006年には大きな変化は見られませんでしたが，その後は大きく向上していることがわかります。この結果には様々な要因があると思いますが，全国の中学校の国語の先生が，言語活動重視の意味を正しく捉え，生徒が考えて表現する授業を推進したことが大きいと思います。

そして今，次の学習指導要領に向けた議論が始まっています。その中で，「アクティブ・ラーニング」という言葉がクローズアップされ広がりを見せています。その内実はまだ明らかになっていませんが，基本的には，自分の考えをもち伝え合っていく学習のイメージだと思われます。そうであるならば，それは，現在取り組まれている言語活動の充実と大きな違いはありません。言語活動の質を高めることが国語科におけるアクティブ・ラーニングにつながるというのが編者の考えです。ですから，本書で用いたアクティブ・ラーニングの「５つの視点」は，言語活動の質を高めるための５つの視点ということができます。

学習指導要領が変わるだけでは，子供たちは変わりません。その趣旨や背景を理解した先生方が，授業として具体化することによって変化は生まれます。本書の理論や実践が，日々の授業づくりの一助になれば幸いです。

2016年６月

冨山哲也

【執筆者一覧】

冨山　哲也　　十文字学園女子大学
積山　昌典　　広島県立広島中学校
小阪　昌子　　鳴門教育大学附属中学校
冨髙　勇樹　　山梨大学教育学部附属中学校
平山　　昂　　埼玉県さいたま市立城南中学校
萩中奈穂美　　富山大学人間発達科学部附属中学校
須賀　　学　　山形大学附属中学校
高橋　　伸　　北海道札幌市立向陵中学校
坂爪新太郎　　群馬県藤岡市立北中学校
廿樂　裕貴　　埼玉大学教育学部附属中学校
山内　裕介　　神奈川県横浜市立南高等学校・附属中学校
城音寺明生　　熊本大学教育学部附属中学校

【編著者紹介】
冨山　哲也（とみやま　てつや）
十文字学園女子大学人間生活学部児童教育学科教授
東京都公立中学校教員，あきる野市教育委員会，多摩教育事務所，東京都教育庁指導部指導主事を経て，平成16年10月から文部科学省教科調査官（国語），国立教育政策研究所教育課程調査官・学力調査官。平成20年版学習指導要領の作成，全国学力・学習状況調査の問題作成・分析等に携わる。平成27年４月から現職。第１期〈絵本専門士〉。
〈主な著書〉
『〈単元構想表〉が活きる！　中学校国語科授業＆評価 GUIDE BOOK』（明治図書）
『〈単元構想表〉でつくる！　中学校新国語科授業 START BOOK 第１学年』『同第２学年』『同第３学年』（明治図書）

主体的・協働的に学ぶ力を育てる！
中学校国語科アクティブ・ラーニング GUIDE BOOK

2016年７月初版第１刷刊　©編著者　冨　山　哲　也
2017年１月初版第３刷刊　発行者　藤　原　光　政
発行所　明治図書出版株式会社
http://www.meijitosho.co.jp
（企画）木山麻衣子（校正）奥野仁美
〒114-0023　東京都北区滝野川7-46-1
振替00160-5-151318　電話03(5907)6702
ご注文窓口　電話03(5907)6668
＊検印省略　組版所　藤　原　印　刷　株　式　会　社

Printed in Japan　ISBN978-4-18-251916-1